子どもが変わる「育て言葉」

辰巳 渚
Nagisa Tatsumi

新学社

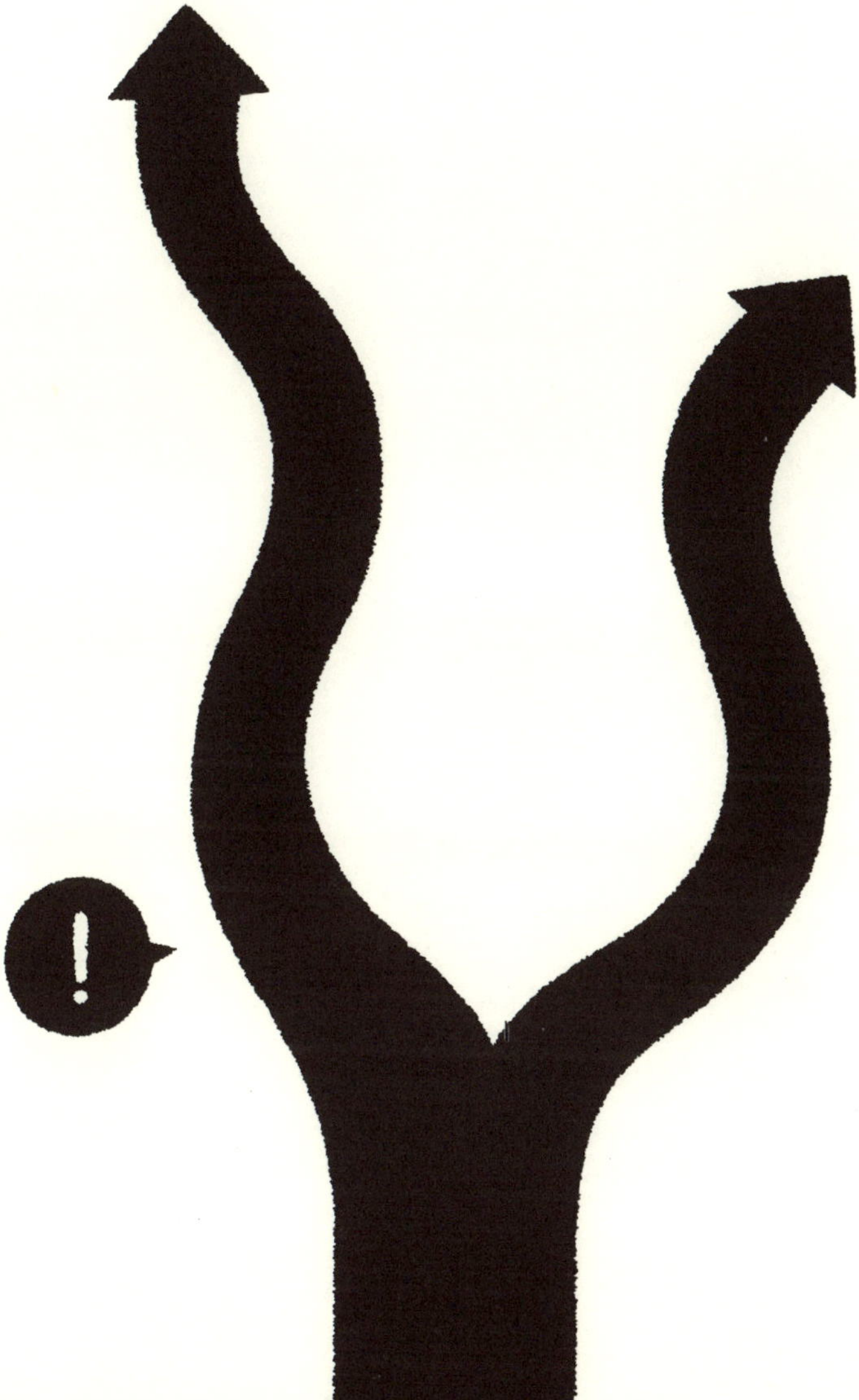

はじめに

子育てにはゴールがあるのでしょうか。あるとしたら、それはいつでしょうか。子どもが結婚するとき。社会人になって働きはじめたとき。子どもができて親になってくれたとき。いやいや、子育てに終わりはない、親は死ぬまで親なのだ。――いろいろな考え方があるでしょう。

私は、いつも「子育てにはゴールがあるのです」とお伝えしています。それは、子どもを家から追い出す日。子どもが家から出て行く日。「あなたには、いろいろなことを仕込んだよ。もう、親の助けや監督がなくても、一人でなんとかやっていけるはず。だから、家から巣立っていきなさい」と、親が子どもの背中を押してあげる日です。

その日に、子どもははじめて自分の足で立ち、人生を生きるよろこびや苦しみを自分のものにする。自分を律することの大切さ、一人では生きていけず人の力を借り、力を貸しながら暮らす必要性も、理解する。つまり、親にとってのゴールは、子どもにとってのスタートなのだと言えます。

親として、子どもを手放すのは不安であり、さびしいものですが、その日を迎えられるのは、親にとっても子どもにとっても、幸せなことだと思います。

この本は、その日に向けて子育て中の、小学生のお子さんを持つ親御さんに向けて書いたものです。子どもが小さいと、まだ「家から追い出す日」なんて、考えられないかもしれません。

けれども、子どもは日々、着実に育っています。たくさんの「一人で生きる技術」や「人とじょうずにつきあう技術」を、親との毎日の暮らしの中から身につけていっています。そして、いつか、「もう大丈夫」と、ほんとうに自分の足で立つ日が来る。

その先にある日々に、子どもを支えてくれるのもまた、親とともにすごした日々で身につけたことです。手から手へ、口から口へと伝えられたことを、今度は一人でやっていく。

そのときに、子どもの耳には、いつも親の言葉がよみがえっているはずです。「ありがとう。よく気がついたね」「こういうときは、すぐこうするものよ」「そういうことは、恥ずかしいことだよ」「あなたが手伝ってくれて、助かったわ」「そういうときは、まず謝りなさい」「大丈夫、なんとかなるわよ」……。親の温かい言葉が、子どもの一生の道しるべとなっていきます。言葉は、消えてしまうことはありません。心のなかで、何度でもくりかえし再生されつづけるのです。

この本では、子どもの日常で気になることがあったとき、親としてどう捉え、どのように声をかければよいかを書いています。子育てに答えはないけれど、子どもの心に寄り添いながら、でも親として毅然と伝えるべきことを伝える。そんな言葉であれば、それはどれも、子どもの道しるべになってくれるでしょう。

ご自身が親から言われていまも心に残っている言葉、あるいは言われてかなしかった言葉を思い出しながら、たくさんの言葉を子どもにかけてあげてください。

第1章 「ちゃんとした大人（一人前）」に育つ基本のアドバイス

第2章

子どもの性格やクセへのアドバイス

第3章

親子&きょうだいの関係のアドバイス

第4章 学校・友だち関係のアドバイス

コラム

装　幀……………………井上則人
本文デザイン…………土屋亜由子（井上則人デザイン事務所）
編集協力…………………ひだいますみ（スタジオ・ペンネ）
カバー・本文イラスト…庄司さやか

第1章

「ちゃんとした大人（一人前）」に育つ基本のアドバイス

1

手洗いや歯磨きが雑なとき

いくら言っても、帰ってきたとき手を洗わず、歯磨きは30秒でぱぱぱっ。諦めていたら、学校の健康診断で、歯の磨き方や爪の汚れを注意されて、「やっぱり！」と思う。私の場合は、上の息子がそうなのですが、子どもによって、身ぎれいにすることにそれほど関心がない子もたくさんいます。これほど言っても身につかないんだから、あとは自分の責任。そう思いたくなることもあるかもしれませんね。ただ、身だしなみは親のしつけ。習慣にするのが、親の役目です。親がしつこく言いつづけたことは、必ず子どもの身体にしみこみます。子どものうちは、親がうるさいから歯を磨く、手を洗う、でいいのです。常に見張っていなくても、気がついたときにしっかり言うくらいで十分です。気がついたら、口で言うだけでなく、歯を磨き直させたり、手を洗い直させたり、身体を動かすようにさせてみてください。

では、いったいいつまで？　子どもが家を出て独立する日まで、ですね。

親の気持ちや考えが伝わる言い方

> あなたは気にしなくても、まわりが気にするのよ

「でも、僕、これでいいもん」と言う子もいるでしょう。身だしなみは、自分が清潔なほうが気持ちいいから気を配るだけではありません。

「人は見た目が9割」と言われるように、まわりから自分がどう見られるか、はとても大切なこと。

違う言い方をすれば、まわりから「こういう人だと見られたい」と思うように自分で身だしなみを整えるわけですね。

ちゃんとやっていないから言っているのよ

「ちゃんと磨いているよ」と言い返されたら、ぐっと詰まってしまいそうになりますね。でも、親の目から見て、ちゃんとやっていないのがわかるから、注意したくなるのです。

その親の直観は、正しいもの。「あなたの『ちゃんと』は、ちゃんとしていない」と、伝えてもいいのです。

お母さんと
いっしょに
やって
みようか

　もう大きくなったんだから、と子ども任せにしていませんか。
　手洗いや歯磨きは、いつのまにか本人のクセができてしまうもの。洗髪（シャンプー）なども、同じです。こすり忘れてしまう場所、いつもこすり強く洗ってしまう場所が、できているはず。たまには、親の目でチェックしてあげましょう。小学校高学年になっても、「お母さんが磨いてみせるから」と、子どもの口をあけて磨き方を教えてあげることは、大切です。

2

まわりの人にあいさつができないとき

あいさつは、大人でも難しいものです。顔だけ知っている近所の人を見かけたとき、どんなタイミングであいさつするか、すんなりこなせる人のほうが少ないのではないでしょうか。ましてや、子どもにとってあいさつは、恥ずかしくもあり、タイミングも難しいもの。家庭でも学校でも「元気よくあいさつしよう」と習っていて、あいさつの大切さは知っているけれど、なかなかできないのはしかたありません。

子どもがなぜあいさつできないのか、一度しっかり様子を見てみましょう。ただ忘れてしまうだけなら、「こんにちは、は?」と促したり、「もうすぐお客さまがみえるから、あいさつしてね」と先に確認しておいたりを、繰り返せばいいでしょう。恥ずかしくて言えないなら、無理強いしないで親といっしょに言わせてもいいのです。声に出す機会を作っていくうちに、だんだん慣れて、小さな声でも言えるようになってきます。

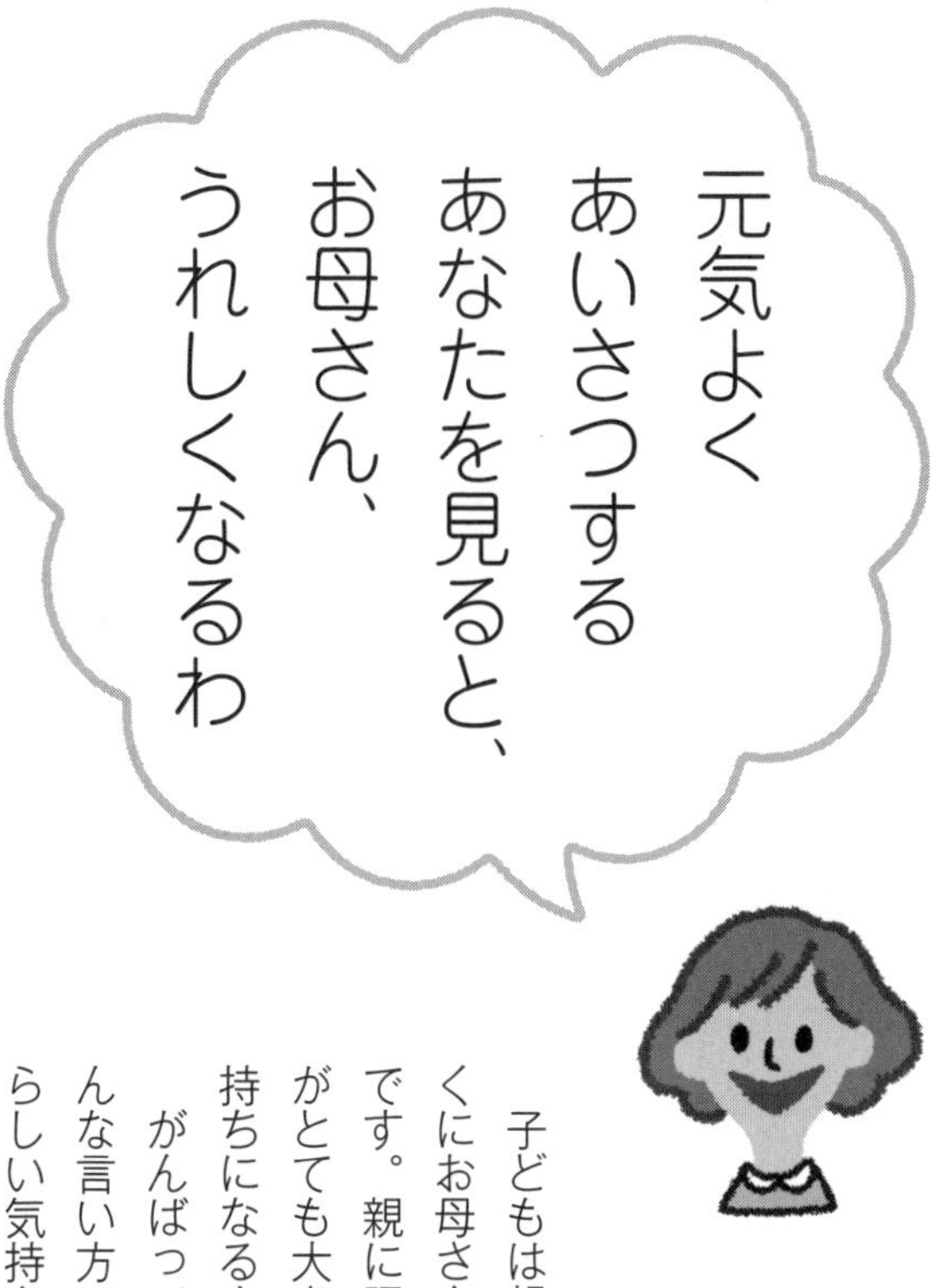
元気よく
あいさつする
あなたを見ると、
お母さん、
うれしくなるわ

子どもは親にほめられること、とくにお母さんが喜ぶことが、大好きです。親に認めてもらえると、自分がとても大きなことをなしとげた気持ちになるようです。

がんばってあいさつできたら、こんな言い方でほめると、子どもは誇らしい気持ちになるでしょう。

どうして、こんにちは、って言えなかったのかな？

あとで子どもと二人きりになったとき、理由を聞いてみるのもひとつの手です。

あっけらかんと「気がつかなかった」と言うのか、「気がついたけど、いつ言えばいいか、わからなかったの」と言うのか。子どもなりの理由を聞いてみて、「それなら、次はすぐに言うようにしてみようか」などと、いっしょに考えてあげてください。

ありがとう、って言ってごらん

子どもがうまくあいさつできないと、親は相手の目が気になって、「恥ずかしいのよね」と子どもの気持ちを代弁したり、「すみませんね、しつけが悪くて」と相手に言い訳したりしてしまいがちです。でも、それでは子どもはいつまでたっても自分の口であいさつできるようにはなりません。ちょっと背中を押してあげれば、できるようになっていきます。

3

ゲームやテレビをやめさせたいとき

今の時代、「テレビやゲームはまったくなし」というわけにもいかない状況です。そのなかで、それぞれの家庭で「ゲームは1日30分」などとルールを決めていることと思います。

それでも、ふと気づくと何時間もゲームに熱中している。「いいかげんにしなさい」と叱ると、どうやらこっそり友だちの家でゲームをしているらしい……。そんな悩みを持つ親も多いことでしょう。

でも、ちょっと考えてみましょう。大人にとってテレビやゲームは「子どもの害になるもの」かもしれませんが、子どもにとっては「おもしろいもの」です。おもしろいものを、なぜ30分や1時間でやめなければならないのか。「お母さんが怒るから」というのでは、何も解決にはなりません。

まずは、親の考えを、子どもに伝えることから始めてみましょう。

たしかにおもしろいよね

子どもがおもしろがっている以上、そこには何か子どもの心を捉えるものがあるのです。そこを否定して「くだらないものに熱中して」などと言ってはいませんか。

おもしろいと思っている気持ちを認めてあげて、「でも、どんなにおもしろいものにも欠点はある」とか「おもしろいものこそ、自分でルールを決めることが大切」とか、大事なことを伝えてください。

4時間もゲームをしているのは、いいことかな？

何時間もテレビを見させたくないのは、なぜなのか。ゲームを30分にする理由は、何なのか。親が自分の考えをしっかり整理したうえで、子どもに問いかけてみます。

　親が「よくない」と思っているのは伝わっていても、「なぜよくないのか」は伝わっていないことが多いもの。ステップとしては、親の意見を言うまえに、子ども自身に考えさせること。どんな子どもも、きちんとした答えを見つけられる力を持っています。どんな答えであっても、「そこに気づいたあなたはえらい」とほめてあげて、いっしょに考えましょう。

第1章 「ちゃんとした大人（一人前）」に育つ
基本のアドバイス

そろそろ
約束の
時間だよ

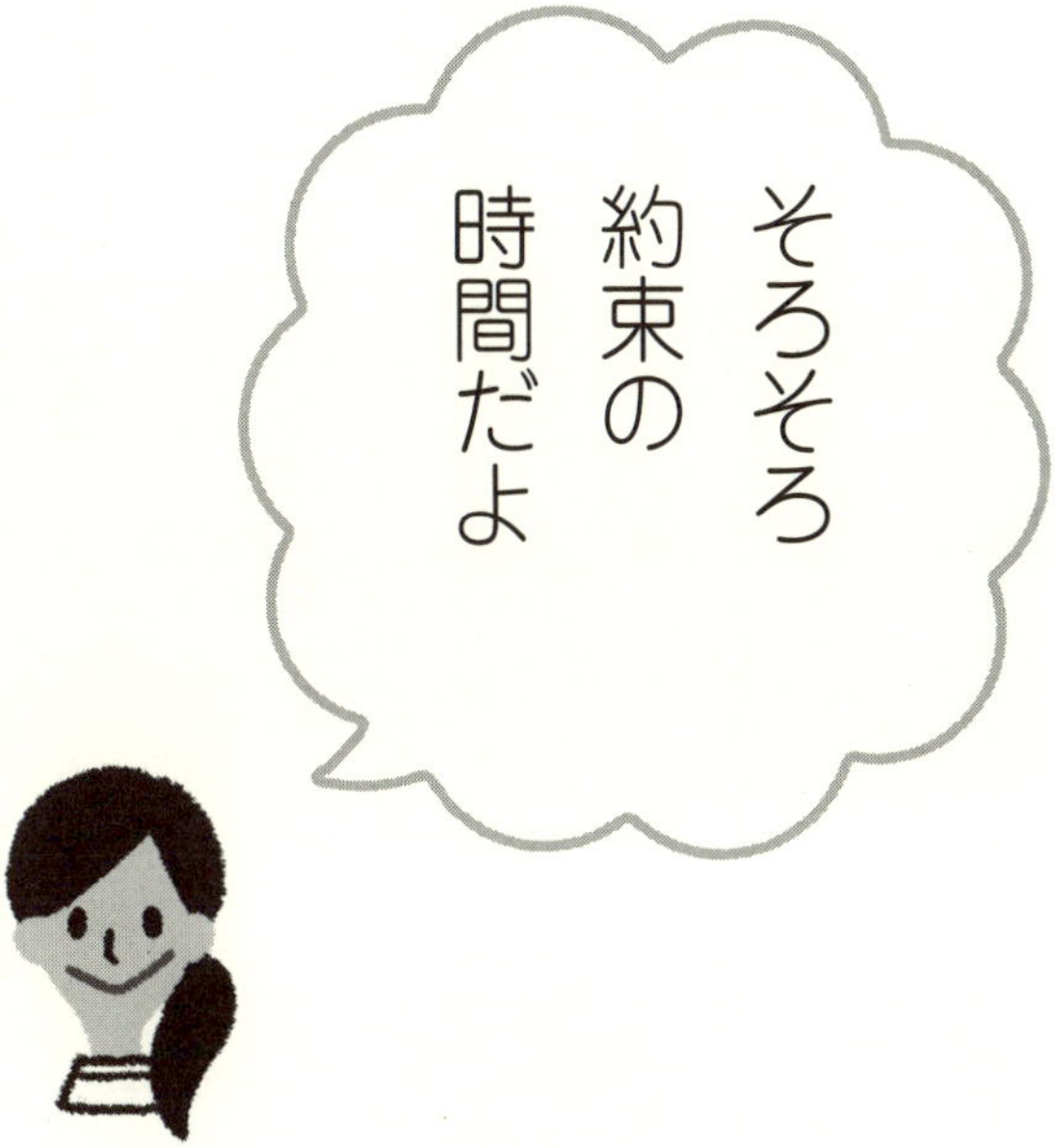

子どもと「1日1時間」と約束しても、熱中していると時間を忘れてしまうことがあります。常に時間を気にしなさい、というのは無理な注文です。

「ゲームしていい？」と聞いてきたときに、「いいよ。今からだと、5時15分までだね」などと確認して、時間が迫ってきたころに、さりげなく注意を向けさせてみます。

子どもが自分から「そうだった。お母さんと約束した時間は5時15分だった」と思い出してくれれば、あとは大丈夫です。

4

片づけができるようにしたいとき

子ども部屋が足の踏み場もない状態を見ると、「片づけなさい！」と叱りたくなりますね。でも、多くの場合、子どもはどうしたらいいかわからないのです。

「片づける」とは、具体的に何をどうすることなのか教えることが第一歩。

出ているものを「元の場所」に戻すことが「片づける」ことだと教えます。まずは、子どもといっしょに「絵本はここ」など、どこに何を置くようにするか決めましょう。つまり、「元の場所」をはっきり決めるわけです。全体に場所が決まったら、「この状態にすればいいのよ」と確認します。

そして、片づけのときには、親がそばにいて「絵本はどこだっけ？」など、ひとつひとつ、元に戻していく練習を。そうすれば、いずれ「片づけてね」とタイミングを教えるだけで、一人で片づけられるようになります。

この引き出しは何入れにする？

幼稚園から小学校中学年くらいまでは、親がいっしょに定位置を決めるようにしましょう。

でも、親が勝手に決めるのではなく、子どもに考えさせてください。自分で「じゃあ、テスト入れにする」などと決めた場所は、覚えていられるものです。

場所を決めるときは、子どもでも出し入れしやすい場所に、なるべくめんどうくさくないしまい方ができるようにしましょう。

4

出したら戻そう

ものが山積みになった部屋を片づけるのは、たいへんです。片づけの基本は、出したものはそのつど、元に戻すこと。小さなうちからその習慣をつけてあげてください。

ほんとうに身につくには、大人になるまでかかる場合もあるくらい、「元に戻す」のはたいへんな作業のようです。小さなうちから家庭のルールになっていると、少しでも楽に片づけられる大人に育ってくれるでしょう。出しっぱなしになっているものを、子どもを叱りつつ親が片づけるのではなく、「出したら戻そうね」と声をかけ、子ども自身で片づけるようにいざなってください。

①
出したら戻す!
②
読まない本は本棚に戻して!
③
なんでも元に戻さなきゃいけないの?
ぐるぐる
④
ママもね!
ウエストのことはいいの!
ニタッ

❶ものの定位置を決める

片づけの第一歩は、もののあるべき場所、つまり定位置を決めることです。あるべき場所がきちんと決まっていれば、いちいち考えなくても、手と体を動かすだけでさっと片づけられます。

ただし、「どんな種類のものがあるか」を区別し、「種類ごとにどこへ置けばいいのか」を判断して決めるのは、子どもにとっては難しいこと。親が子どもの持ち物をざっと見て、おおまかなグループに分け、はさみはいちばん上の引き出し、ぬいぐるみはおもちゃ入れの箱、ランドセルは机周りにあるラックの上…など、定位置を決めましょう。

★定位置の決め方

子どもの持ち物をざっと見て、どんな種類のものがあるか把握する。

⬇

おおまかな種類ごとのコーナーを決める。（洋服コーナー、勉強関係コーナー、おもちゃコーナーなど）

⬇

コーナーごとにさらに、グループ分けをして、そのグループごとに収納容器や場所を決める。

❷ちょうどいい量を決める

定位置を決めたら、次に注目したいのが「ものの量」。親が子どもの生活や性格などから、「これはこのくらいあれば十分だ」と判断して、「ちょうどいい量」を決めましょう。

ポイントは、ものの量を収納スペース(定位置)の7割程度に維持することです。ものは、いつの間にかどんどん増えていくもの。いくら定位置を決めていても、ぎゅうぎゅう詰めになるくらい量が多くなりすぎると、取り出すのもしまうのも大変になってしまい、快適にものを使いこなすのが難しくなってしまいます。

ときどき、ものの量をチェックし、処分すべきものは処分して、定位置の7割程度の量を維持しましょう。

❸片づけるタイミングを知らせる

片づけの基本は、使い終わったものをすぐに元の場所に戻すことにあります。子どものうちに「出したら戻す癖」がつくように、「はさみを置きっぱなしにしたらダメよ」「本を読んだら、本棚に戻そうね」と、その都度、子どもに声をかけましょう。ひと声かけて、「今、戻すのよ」とタイミングを知らせるのです。

ポイントは、子どもの様子をよく見て、遊びがひと区切りついたときなどにタイミングよく声をかけることです。習慣は、一朝一夕には身につかないもの。だからこそ、「出したら戻す」行動が自然な流れとして出来るようになるまで、何度も繰り返しタイミングを知らせましょう。

5

ものの取り扱いややり方が雑なとき

雑誌の付録で遊ぶときに、切り取り線通りにていねいに切らずにベリッと破いてしまう。絵や文字を書いていても、書きなぐるようにして乱暴……。子どもを見ていて、「うちの子は、雑なのかしら」と思ったら、「どうしてもっときちんとできないの！」と怒るまえに、ものの取り扱いを教えてあげましょう。

最初は、手を取っていっしょにしたり、お母さんがお手本を見せたりしてください。ものの食べ方で育ちがわかると言うように、ものの扱い方は育ちそのものです。同時に、教えればすぐにできるわけでもありません。

ただ、毎日の生活で少しずつ、繰り返し教えていけば、必ず身につきます。根気よく教える力が持てるのは、親だからこそですね。そして、「お手本」となるのは、教えるときだけでなく、毎日の暮らしの中で、お母さんの姿として伝えてください。

第1章 「ちゃんとした大人(一人前)」に育つ
基本のアドバイス

親の気持ちや考えが伝わる言い方

あなたの持ち方は、見ていて気持ちがいいわ

子どもにものの取り扱いを教えてあげたあとも、繰り返しいいところを見つけて、「その気」にさせてしまいましょう。

お茶碗の扱い、はさみの使い方、ごみの捨て方など、「あ、今とてもよかった」と気がついたときは、その場で「きれいに使えるようになったね」など口に出してほめてください。

何度もほめられるうちに、自信と誇りを持ち、どんどん自然に気をつけられるようになると思います。

5

すごいね！こうすると、とってもうまくいくね！

「こうするのよ！」「早く！」などとイライラしながら教えても、子どもはかえって聞きたくなくなってしまいます。お母さん自身がやって見せるときに、子どものような驚きの心を持ってみましょう。

　絵を描くときに、クレヨンを折ってしまうような場合には、「あなたの絵は勢いがあっていいね！　ただ、クレヨンが折れないように、こうやって持つともっといいよ」など、絵を描くことがいやにならないように教えてあげてください。

ぐちゃぐちゃに入れると入らない
きちんと入れると入る
きれい!!

6 子どもが朝、機嫌が悪いとき

朝、すっきりさわやかに学校に行ってくれる子どもは、ほとんどいないのではないでしょうか。いくら起こしても、布団から出てこない。起きたら起きたで、ボーッと座っている。とくに、新学期が始まって心身ともに疲れやすい時期なら、なおさらです。でも、親としてはそれでは困りますよね。

とはいえ、親がイライラすると、子どもはますます不機嫌になります。まず、親から「朝は、気持ちのいい顔をする」と決めて実行してみませんか。お母さんの笑顔は、子どもの気持ちだけでなく、家中を明るくする力があるのです。表情だけでなく、話し方も明るくできるでしょうか。「早く」と叱りたくなっても、「時計を見てごらん。あと5分よ」などと努めて冷静になる。「いいかげんにして」ではなくて「もう起こさないからね。自分で起きてきなさい」とさらっと言う。そして、子どもがむっつりしていたら、「朝から不機嫌な顔をしていると、みんながいやな気持ちになるよ」と言ってみてください。

親の気持ちや考えが伝わる言い方

朝から機嫌の悪い顔をしないのよ

朝はだるかったり眠かったりして、機嫌が悪くなくてもむっつりした表情になってしまいがちです。子どもが「私、別に普通にしてるよ」と言ったら、「鏡を見てごらん、怖い顔になっているよ。普通の顔をしていればいいんだから」と教えてあげるといいでしょう。

6

しゃんと座ってごらん

だらっとしていると、自然と表情も気分も落ち込んでいきます。食事をするときに、背筋を伸ばしてしゃんと座ると、気持ちも前向きになるはず。もちろん、大人だってテキパキ動けば、子どもも影響されます。

時計を見て

子どもは、時間を計りながら行動していくことが苦手です。「早く早く」と親が言わなくても済むように、朝は時計を見て行動する癖をつけましょう。

我が家の場合は、7時半と7時45分に声をかけることが多くあります。7時半はごはんを食べ終わってほしい時間、7時45分は家を出る5分前の時間です。

7

借りっぱなしのクセがあるとき

なにげなく子どもの机を見たら、図書館の本が置いてあった。たしか、1か月以上も前にも見かけた記憶が。ああ、まただ。いつも借りたら借りっぱなし。そんなふうに、子どものルーズなところが気になることがありますね。授業参観で学校に行ったら、「忘れ物箱」があって、チェックすると、かなり前から探していた上着が入っていた。自分のものも、なくしたらなくしっぱなし。そんなことも、あるでしょう。社会生活をするうえでも、きっと困るに違いないですね。どうしたら、直るのでしょうか。

まず考えてほしいのは、こういうクセは本人の抜きがたい傾向だということです。きれい好きな人。時間にルーズな人。甘いものが好きな人。大人だって、よほどの失敗をしないかぎり、変わりません。なかなか変わらないものだと認めたうえで、それは、それでも変えないと困るクセだと思いますか？　もしそう思ったら、親として直すように努力してみてください。

借りたままにしておくのは、とてもいけないことだよ

本を借りっぱなしにしたり、忘れ物を取りに行かなかったりしても、本人は困りません。誰かが困ることも、想像しにくいものです。だから、気軽に「ぱなし」にするわけです。まずは、それはとてもいけないことだ、お母さんはあなたがそんなことをするのは悲しい（恥ずかしい）、と真剣に伝えてみましょう。

7

もう借りるのは許しません

いくら言っても本を返さないことを繰り返していたら、「次に忘れたら、本を借りるのはやめなさい」と約束してみましょう。

次からは、どんなに読みたい本があっても、図書館から本を借りるのは、なし。もちろん、だからといって買ってあげるのも、なしです。「読みたい本が読めない」という悲しい思いをすることで、「めんどうくさいけど、返さないといけないなあ」と実感できたらいいですね。しばらくたって、本人から「必ず返すから、また図書館で借りたい」と言い出したら、再挑戦もありですね。

自分で返しに行きなさい

親が代わりに返しに行っていては、何も気がつかないままです。図書館の人に厳しく注意される、忘れ物係の先生に叱られる、といった経験はとても貴重です。親の口からではなかなか身にしみないことも、他人から言われると一発で身にしみることもあるのです。そのときに、素直に「遅くなってすみませんでした」と謝ることも、教えましょう。

8

時間にルーズで約束が守れないとき

子どもは、大人よりもはるかに高い集中力がある一方で、次々に興味が移り、前のことをすぐ忘れるという特徴があります。何かに熱中しているときには、いくら声をかけても本当に聞こえない。でも、その後は、ポイと投げ出して別のことに熱中しだす。子どもとは、そういう存在なのです。

だからこそ、子どもに「時間の感覚を持て」というのは、なかなか難しいこと。たとえば、「5時からピアノだから、4時半には帰っていらっしゃい」と約束したのに、5時近くになっても帰ってこない。そのとき、子どもは「時間を忘れてた」「時計を見たら、5時だった」などと言い訳しませんか。それを、ルーズだからと最初から決めつけてしまわないでください。時間を守らないのがあたりまえになるまえに、子どもが時間を守れるように親が工夫してみましょう。まずは子どもの意思で約束することから始めます。

親の気持ちや考えが伝わる言い方

何時に帰ってくるのかな？

親が「5時からピアノだから4時半には帰りなさい」と言うまえに、「今日はピアノの日だよね」と子どもに問いかけてみましょう。何時に帰ってくる？」と子どもなりに計算して、「じゃあ、私、4時40分には帰ってくる」と言ったら、「そうね、40分だとぎりぎりだから、遅れないようにね。公園に時計はあるの？」「うん、あるよ」などと話して約束します。
まずは、子どもが自分で決めた約束事だと自覚を持てるといいですね。

8

約束の時間だよ

「7時から宿題をする」「9時半には寝る」という家庭内での約束をしたなら、「自分で決めたことだから守るべき」という態度でいればいいでしょう。

7時になってもまだテレビを見ているようなら、「時計を見てごらん」と時間に注意を向けるように言うだけにします。「あ、7時だ」と気づけば、宿題に向かうはずです。それでもぐずぐずテレビを見ているなら、「約束が守れないのは、恥ずかしいことだ」と叱ってもいいのです。

どうしたら
守れるかな？

数回、帰りの時間が守れない、約束の時間にすべきことを始められないといったことが続いたら、親はちょっと本気になってください。「守れない約束なら、最初からしないほうがまし」と伝えて、「次は真剣に守ろうとしてごらん。そのためには、どうしたらいいかな」と子どもと考えてみましょう。

それでうまく守れたら、「やっぱりできるじゃない」とほめ、守れなかったら習い事をやめる、宿題をするまで夜ごはんなし、など厳しい態度をとる勇気も必要です。でも、ほとんどの子どもは、真剣になれば守れるものです。

9

大人の話を聞きたがるとき

夫婦の会話や、ママ友どうしの会話に、子どもが興味を持つことがありますね。それも、「そういえば、いとこの○○くん、離婚したんだって」とか、「うちの夫、次の異動時期には地方に行かされる可能性が高いのよ」とか、ほんとうに「大人の話」をしているときにかぎって、子どもは、遠くにいてもしっかり聞いているものです。それで「リコンって何？」「△△ちゃんのパパ、どこに行くの？」などと、興味津々で聞いてきます。

子どもの立場に立ってみれば、大人が真剣に話しているのだから、「なんだろう」と思うのはあたりまえ。子どもの耳に入れたくない話は、やはり子どもがいないときにするのがいいですね。幼稚園児くらいの年齢でも、意外に大人の話の本質は聞きとっています。それほどでもない話なら、子どもが興味を持っても、「これは大人の話だから」と取り合わないだけでも、十分ではないでしょうか。

親の気持ちや考えが伝わる言い方

> 子どもは
> 大人の話に
> 首を突っ込ま
> ないのよ

　大人には大人の話があり、子どもは立ち入ってはいけないことは、しっかり伝えましょう。
　「なんで？」と聞かれたら、「難しい話だから」「あっち行ってなさい」などとごまかさずに、「大人には大人の話があるのよ。そういう話に、子どもが横から口をはさむのは、みっともないことだよ」などと教えてください。

9

そんなに聞きたい？

あえて質問で返してみると、子どもが自分を振り返るきっかけにもなります。大人の話に自分が首を突っ込んでいることくらい、子どもはわかっています。

それでもおもしろそうで知りたいから聞くわけですが、「そんなに聞きたいの？」と質問されると、「聞きたがりは、恥ずかしい」と自然に気がついてくれるかもしれません。

あなたも早く、大人になってね！

あまり深刻にならず、茶目っけを出して、「大人になったら、いっしょに大人の話を楽しもうよ！」と子どもをいなすのも、大人のワザです。

子どもが、「大人は内緒話ばかりしている」といやな気持ちにならず、「大人になったら、話にまぜてもらえるんだ」と大きくなるのを楽しみにできるように。

10

祖父母に敬意を持たせたいとき

おじいちゃん、おばあちゃんへの子どもの態度が気になる場合がありますね。たとえば、おばあちゃんがお菓子をくれたのに、うれしくもなさそうに、そのへんに放り出す。おじいちゃんが話しかけても、めんどうくさそうに生返事をする。そんな場合、親としては、「ありがとうは？」とか「きちんと返事をしなさい」とか、注意をすることもあるでしょう。

それなのに、態度は変わらないし、祖父母への敬意が感じられない。たまに会うからかしら。子どもは老人をいやがるのかな。そう思って、そのままにしていませんか。

でも、多くの場合、理由ははっきりしているものです。それは、親の気持ちが、子どもに伝わっているから。「お義父《とう》さん、うちに来るのか。めんどうだな」と思っていたら、子どもにも「いやな人が来た」という気持ちが移ってしまいます。まずは、親がおじいちゃん、おばあちゃんのことを、好きで大切にしているか、見直してみましょう。

親の気持ちや考えが伝わる言い方

> おじいちゃんが来るの、楽しみね

単純に、「おじいちゃんが好き」「会うのはうれしい」といったプラスの気持ちを、言葉に出して子どもに話してみましょう。それだけで、「そうだ、おじいちゃんが来るのは、うれしいんだ」と、自然に子どもは思うようになります。

ただし、親が大嫌いな相手だったら、この言葉は「うそ」になります。子どもは、親の本当の気持ちと、表面の言葉のズレに敏感です。「うそ」になるなら、何も言わないほうがいいですね。

おばあちゃんは、お母さんのお母さんなんだよ

お母さんが、自分のお母さん（おばあちゃん）を大切に思っていることを伝えてみてください。お母さんが大好きな相手なら、自分も好きでいたい、と思うのが子どもです。

おばあちゃんには、やさしくしなさい

老人には、やさしくするものです。まだ子どもであっても、幼児にはやさしく接してあげるように。親が、「おばあちゃんは、もう75歳なんだから、だんだん力がなくなってくるんだよ。あなたのほうが、力があるんだよ。だから、守ってあげようね」などと教えてあげてください。

11

お金の使い方を教えたいとき

小学生になると、お金の意味がだんだんわかってきます。また、同級生のなかでも月ぎめでお小遣いをもらう子が出てきたり、お手伝いをするとお小遣いをもらえる子もいたりして、「自分の使えるお金」への興味も出てくるものです。

低学年なら近所の駄菓子屋、高学年ならショッピングモールなどに、友だちどうしで出かける機会もあるでしょう。このような時期に、お金に対する価値観や使い方をしっかり伝えるのは、親の役目です。「大人になれば、自分の考えができるはず」ではなく、子どものうちに親が「我が家では、お金についてこう考える」と伝えてください。

それは、学校の金銭教育のようでなくてもいいのです。「子どもがお金の話をするのは、恥ずかしい」「よその家とお金で比べるのは、みっともない」など、いわば親の信念が、子どもがこれから先、お金という難しいものと付き合っていくための、軸となるはずです。

親の気持ちや考えが伝わる言い方

何に使いたいのか、教えてちょうだい

「Bくんは毎月1000円もお小遣いもらっているんだって」などと、よその子をうらやましがるようなら、「あなたも1000円、ほしいの？」と質問してみましょう。「ほしい！」と言うなら、「何に使うのかしら？」。その使いみちは、納得できるものですか？　使いみちのないお金がほしいのは、なぜなのでしょうか。そこから先は、家庭の価値観でもあるので、一概には言えません。親自身のお金への考え方を、子どもに受け継いでもらいましょう。

11

子どもはお金を貸し借りしたり、おごったりしないのよ

自分は５００円持っているのに、Aちゃんは10円しか持っていない。駄菓子屋でかわいそうになって、「じゃあ、僕の１００円、あげるよ」と言えるのは、子どもらしいやさしさです。そのやさしさを否定したくはないけれど、こと、お金のことは規範をしっかり教えましょう。

お金の貸し借りやおごることは、お金について自分で責任を持てる年齢になってから。できれば自分で稼ぐ社会人になってから、と言いたいところですが、現実は、高校生くらいからでしょうか。

お小遣いは、来月まで待ちなさい

　もし、月ぎめでお小遣いをあげているなら、子どもが「お小遣い、足りなくなっちゃった」と言っても、追加であげてはいけません。
　お金は限りがあるもの。じょうずに使わないと、あとで困ることになる。そんなあたりまえのことは、お小遣いのやりくりから身につくのではないでしょうか。
　同じ意味で、多額のお年玉は、一部を貯金することも教えてあげましょう。

12

お金でものを見るようなとき

新しい洋服を見せたら「これ、高かった?」と聞いたり、お菓子をいただいたとき「どっちが高い?」と比べたり……。子どもが値段のことをあからさまに聞くと、なんでお金でものを見るのかしらと心配ですね。

心配な気持ちはわかりますが、しかたがないことでもあります。今は、商品として売られているものを買って生活するのがあたりまえの世の中。値段以外の価値の計り方は、かえって難しいと思いませんか。大人だって、「今日のサンマは生きがよくて、おいしそう」だけで買うよりも、「今日はサンマが特売で78円! しかも生きがよくて、おいしそう」と買うものです。お金を便利でわかりやすいものさしにしてしまうのは、誰しも同じではないでしょうか。ただ、それをあからさまに口に出すのは、恥ずかしいこと。そして、お金だけしかものさしを持っていないのは、視野が狭いこと。そんな価値観を、親として子どもに伝えてあげればいいのです。

親の気持ちや考えが伝わる言い方

お金のことをあれこれ言うのは、恥ずかしいよ

ごくシンプルな言い方ですが、子どもにも必ず理解できる言い方です。お金は人の欲望や本音と直結していると、子どもだって、感覚的に理解しています。

「なんで？」と聞いてきたら、「なんでだと思う？」と聞き返してみましょう。きっと、親が驚くほど、子どもはよくわかっているはずです。

もちろん、親が子どもの前でお金のことをあれこれ言わないのは、言うまでもありません。

12

〇〇ちゃんは、お金が好き？

大人に向けて言ったらぎょっとするような質問ですが、親から子へと聞くのならいいのです。あまりにお金のことを言うなら、率直に聞いてみましょう。

そのときに、人は誰しもお金に関心があり、それは悪いことではなく自然なことなのだ、というおおらかな気持ちでいてください。

「好き」と答えたからといって、叱ったりしないように。なぜ好きなのか、なぜ気になるのか、子どもの説明を聞くと、意外に大切な子どもの本音がわかるかもしれません。

お金ってふしぎだね！

お金はなくては生きていけないけれど、お金にとらわれるといやな感じ。値段が高いといいもののようだけど、安くてもとても質のよいものがある。たとえば、旬の野菜は安くてとてもおいしいもの。そんなモノと値段の関係を、楽しく話してみるのもいいでしょう。大切な親の教育です。

どっちがお得？

13

子どもに夢を持ってほしいとき

10年にも満たない年月しか生きていない子どもが、リアルに「将来」を感じられないのはあたりまえです。

早い子は「パティシエになりたい」「サッカー選手になりたい」などと言うこともありますが、それは「お菓子が好き」「サッカーが好き」ということの延長なのです。ですから、いろいろ好きなことがある子や、好きなことと直結する仕事がない子は、かえって将来の夢を描きにくいのでしょう。

ただ、どんな子どもの心にも、未来への憧れは秘められています。大きな夢、具体的な夢、ささやかな夢、現実的な夢……。子どもが自分の言葉で語る未来の姿なら、どんな夢でもその子の成長の糧となります。それが、「よくわからないけど、何かはしたい」でも、いいのです。子どもが素直に言う「夢」を、そのまましっかり受け止めてあげましょう。

親の気持ちや考えが伝わる言い方

がんばっていれば、必ず夢は見つかるよ

いま、やりたい仕事がわからなくても、いますべきことをがんばっていれば、必ずその先に道が続いていきます。勉強、遊び、習い事……子どもがいまという日を精一杯過ごしていたら、親は温かく見守ってあげませんか。

遅かれ早かれ、子どもは自分の道を見つけ、自分の手で夢に近づき、挫折からも自分の力で立ち直ります。

お父さんは、子どものころプロ野球選手になりたかったんだって

プロ野球選手を夢見た男の子が、大人になってサラリーマンのお父さんになっているのはよくあること。「でも、お父さんはいまの仕事が好きだし、いまの自分も好きだし、がんばってるよ」と自信を持って言えるお父さん、お母さんはすてきです。

そんな親がいてくれれば、子どもは、夢に向かって努力することに価値があること、成長とともに目標が変わるのは自然なこと、そのときそのときをがんばることに人生の意義があることを、理解するでしょう。

DREAM

男の子へのしつけ[1]

あいさつができるように仕込んでください

男の子は、不思議なことに女の子よりもコミュニケーションが得意ではない子が多いようです。幼児でも、女の子が3人集まれば誰かの噂話をしていたりして大人の女子会の風情がただようけれど、男の子はもっと素朴ですね。おしゃべりな男の子でも、人と言葉を交わすというよりは、自分の話したいことをいっぱいお話しする、という感じです。だからこそ、男の子にはコミュニケーションの仕方をしっかり仕込んでください。

一人前の社会人として働いて生きていくためには、なにはともあれ、あいさつができなければ話になりません。大人になって自分の家族を持っても、あたりまえの日々のあいさつが家族の心をつなぎます。

仕込むのは、ちょっとたいへんです。「おはようは?」と一回言って、言えるようになる子は、どこにもいません。学校の試験で「朝のあいさつは?」と聞かれれば100人中100人が「おはようございます」と答えられても、日常では言えないものなのです。あたりまえのように言えるようになるには、毎日、毎日、口にしていなければ。毎朝、毎朝、子どもに「おはよう」と声をかけ、「おはようは？」と促せるのは、親だけです。家を出て自立する日まで、根気よく仕込んであげてください。

しつけのポイント

1 親があいさつしていますか？「おはよう」「ありがとう」「ただいま」「ごめんね」など。

2 小学生なら、「言ってごらん」と、言えるようになるまで促しましょう。

3 大きくなった子どもには、強制はできないぶん、親だけでもあいさつを続けてみてください。

笑顔でいられるように

笑顔は、それだけでまわりの人を明るくする力があります。男性の笑顔も太陽のように明るくすてきですが、女性の笑顔はまるで花が咲いたようにまわりの空気をすがすがしくし、暖炉のようにまわりの人の心をほっこりさせる力がありますね。

女の子が母親になったときには、その笑顔が家族の支えになるのではないでしょうか。子どもは「お母さんが笑ってくれる」というだけで、ほんとうに幸せになるのです。だから、私は、女の子にこそ笑顔でいる大切さを伝えてほしいなと思います。

笑顔のすてきな女の子になるための入り口は2つ。①不機嫌な顔をしない。家の中で怒ったり、むっつりした顔や口調でいたりするときには、「それはまわりをいやな気持ちにさせるよ」と注意してください。とくに、学校でいやなことがあったらしいときなど、家でドシン！と座ったり親に当たったりしたら、「八つ当たりは恥ずかしいよ」と教えましょう。そういうときは、無理に笑う必要はありません。「ふつうの顔でいなさい」でいいのです。これはもちろん、家族の誰にとっても同じことですね。②笑顔をほめる。「あなたの笑顔を見ると、お母さんまでうれしくなっちゃう」などと、笑顔の力を教えてあげてください。「あなたの笑い声、お母さん、大好きよ」などもいいですね。

しつけのポイント

1 笑顔の練習をしてみましょう。親子で鏡を見て、にっこり。

2 次は、親子で顔を見合わせて、にっこり。

3 そして、「大好き！」とぎゅーっとハグ。ほっぺにチュッ。お父さんもごいっしょに。

第2章

子どもの性格やクセへのアドバイス

14

うそをついたり、隠し事をしたりしたとき

小さな子どもが、うそをついたり隠し事をしたりするとき、計画的であることはほとんどないようです。「誰がお茶碗を割ったの？」「実験道具を出しっぱなしにしたのは、君かな？」など、親や先生が指摘したときに、とっさに口から出てしまう言い逃れがほとんどです。

割ったのは自分だけど、弟がぶつかってきたんだから自分は悪くない。そう思って、「僕じゃない」と言う。道具をしまい忘れたのを先生に叱られるのが怖くて、「知りません」と言ってしまう。子どもなりの苦しい言い逃れであることを理解したうえで、それでも事実をごまかすのはよくないことだと教えたいものです。

親が感情的になってしまっては、子どもは自分のしたことを正直に言えません。冷静に、そしてある程度厳しい態度で話を聞き、子どもがちゃんと反省できたら話を終えて、パッと気持ちを切り替えられるといいですね。くどくど叱るよりも、効果的です。

自分がしたことは正直に言ってごらん

親の気持ちや考えが伝わる言い方

誰にでも過ちはあります。してしまったことを正直に言うことは、立派なことだと教えてあげませんか。
また、なぜそうしてしまったかの言い訳よりも、まずは「ごめんなさい」と謝るほうが先です。「言い訳はあと。謝るのが先でしょう」と伝えます。

本当のことを言うほうが、あとが楽なんだよ

とっさのうそは、それを隠すための次のうそを呼ぶものです。うそをつきつづける苦しさは、子どもも知っています。問い詰めるために言うのではなく、子どもが「ごめんなさい」と謝ったあとに、大人の知恵としてさらっと伝えるといいでしょう。

うそはちっともおもしろくない

頭のいい子ほど、自分のうそで大人があわてたり、隠し事をして友だちが困ったりするのを見て、おもしろがることがあります。

子どもどうしのそのような場面を見かけたり、自慢話のように話してくれたりしたときには、他愛のないことであっても、「それは、恥ずかしいことだ」という親の考えを伝えたほうがいいですね。

15

思い通りにならないと、すぐに泣いたり、腹を立てたりするとき

いまの子どもたちは、愛情をかけられ、大切に育てられています。子どものころに深い愛情を受けて育った子どもは、一生、人を信頼し、人生を前向きに生きていく力を得ているものです。ほんとうに、幸せなことだと思います。

ただ、周囲の愛情が深すぎるあまり、子どもに辛い思いをさせたくない、無理な我慢をさせたくない、との配慮が行き過ぎる問題点もあるのは事実です。それで、子どもがなんでも自分の思い通りになってあたりまえ、と思ってしまうと、これから先、一人で何もなしえない人になってしまいかねません。人生には思い通りにいかないこともある。そんなとき、じっと忍耐し、考え、努力していく力を、つけさせてあげましょう。子どもが、小さなつまずきに出合ったとき、親は、「つまずいてあたりまえ。そのつまずきをじょうずに解決できるのがすばらしい」と伝えられるといいですね。壁にぶちあたった子どもの悔しさに共感しつつ、負けないで前に進めるよう励ましてあげてください。

親の気持ちや考えが伝わる言い方

泣いていないで、ちゃんとお母さんに説明してごらん

工作がうまくいかなくて怒って泣いているのがわかっていても、親が勝手に推察して、「工作がうまくできないのね」と同情したり、「ここは、こう作ったら」などと提案したりすることは控えましょう。

まずは、子ども自身の口で、状況を説明させましょう。子どもは、自分の置かれている状況を自分の言葉で説明しようとするときに、自分を客観視する冷静さを身につけます。

15

じゃあ、どうしたらいいのかな

自分の状況がわかったら、次にどうしたらいいかはわかったも同然です。

「紙がうまく切れないの」と説明できたら、「うまく切るにはどうしたらいいだろう」と考えられる。「○○ちゃんがじゃまするの」なら、「○○ちゃんと仲良く工作するには、どうしたらいいだろう」と考えられる。

子ども自身でうまく解決法を見つけられないときには、親がちょっとしたヒントを与えてあげましょう。

やり直したら、じょうずにできるじゃない！

うまくいったら、心からほめてあげて。一回で何でもできるよりも、考えて、努力して、やり直して、じょうずにできたことはすばらしい、と認めてあげましょう。

このセリフが言える段階まで、親も「あなたって、不器用ね」などと感情的にならずに、見守っていられるとすてきですね。

16 一人でいるのが気になるとき

ほかの子どもたちは、誘い合ってサッカーをしたり、誰かの家に集まって遊んだりしているようなのに、うちの子はいつも一人。外にもあまり行かず、家で絵を描いたり、ぼーっとしたりしているだけ。仲間はずれになっているわけではないらしいけれど……。

積極的に友だちを作る子ではない場合、親は気になりますね。本人がそれほど気にしていない様子で、自然に一人でいようとしているなら、気にすることはありません。大人でも、いつもにぎやかに誰かといる人もいるし、一人でさっそうと行動する人もいます。感受性が強くて、気の合う子としかいっしょにいたくない子なのかもしれません。

一人が好きなのは、大切な個性です。高校生、大学生と成長するうちに、きっと心うちとけられる友人を見つけてきます。それまで、親が、しっかり話し相手になってあげればいいではありませんか。

学校では誰と遊ぶの

親の気持ちや考えが伝わる言い方

放課後や休日は一人でいる子でも、学校ではふつうに友だちと遊んでいることも多いものです。学校の様子を聞くだけでも、親として安心できるのではないでしょうか。

「休み時間は、○○ちゃんと縄跳びしてる」などと答えてくれたら、それ以上、根掘り葉掘り聞く必要はありません。

16

うちにお友だちを呼んでもいいのよ

ふだんから、親もあまり家に人を呼ばない場合、もしかしたら、自分の家に友だちを呼ぶことを考えにくいのかもしれませんね。さりげなく、教えてあげてみてください。

ただ、「お誕生会をするから、友だちを呼びなさい」など、強制するのはやめましょう。もし親が手助けしたいなら、「友だちとお誕生会、する？　それとも、家族でお誕生日をするほうがいい？」などと、子どもが選べるようにしてみましょう。

お母さんも一人でいるの、好きだよ

子ども心に「自分は仲良しの友だちができないなあ」と不安に思っている場合もあるでしょう。そのときに、親が騒いでは、なおさら不安に。お母さんも一人が好きだとわかれば、どれだけ安心でしょうか。

また、「高校に入ってやっと親しい友だちができたのよ」「いまでも、仲良しはせいぜい2、3人かな」など、「友だち」を見つけることは簡単ではなく、まるで奇跡のようなめぐりあいだと教えてあげてください。

17

飽きっぽさが気になるとき

「いつも、折り紙を最後までできないのね」とか「3分と本を読んでいられないんだから」とか、子どもの飽きっぽさが気になるときが、あると思います。そんなとき、日ごろの子どもをよく観察してみましょう。折り紙はすぐ放り出しても、きれいな布や糸を出してきて遊んでいるときは、30分、1時間と静かに熱中していませんか。本は苦手でも、いつまでもしゃがんでアリを眺めていませんか。親が「熱心にやってほしいな」と思うことと、子どもが好きで集中できることとは、違うことがよくあります。親の期待とずれていても、好きなことに集中できていれば、安心していいのです。

もうひとつ、いまの時代は子どもを飽きっぽくさせるようにできている気がします。テレビでは、いいところで「結果はＣＭのあとで」とぶつ切りにされる。習い事をしていたり、お母さんがきちんとしていたりするほど、子どもが自分の時間で動けない。「あんなに熱心にアリを眺めて」と気づいたら、そっと見守ってやることも必要です。

テレビを消そうね！

子どもが本を読もうとしていたり、おもちゃで遊ぼうとしているとき、すぐ横でテレビがついていたら、どうでしょう。

「ジャーン！　答えは○○です！」などと大きな声がしたら、いくら集中していても、そちらに気を取られるのがあたりまえです。

子どもが遊んでいる横で、誰も見ていないテレビがついていたら、子どもに「テレビを消して、遊ぼうね」と声をかけてみてはいかがでしょうか。

あなたに任せるから、やってみてね

料理のお手伝いをさせるときに、こんな工夫をしてみてください。

　にんじんの皮をむくなら、1本、まるごと任せるのです。ピーラーの使い方を教えたら、にんじん1本を渡して、「じゃあ、このにんじんはあなたに任せるから、ぜんぶ皮をむいてね」と頼みます。最後までできたら「助かったわ。ありがとう」と受け取りましょう。

「お手伝い、する！」と寄ってきて、2、3回ピーラーを走らせて、満足したら途中でそのままパッと行ってしまう、そんな勝手なお手伝いは「ちっともお手伝いになっていないわ」と叱ってもいいのです。

たっぷり寝ると元気になるよ

睡眠が足りないと、ぼんやりしたり集中できなかったりするものです。子どもは大人以上に、睡眠が日常の行動に影響するように思います。

夜は、少なくとも、決めた時間に布団に入るようにしましょう。幼稚園までは9時、小学校低学年なら9時半を目安にします。

眠れなくても、親子でのんびり布団でスキンシップしているだけで、心身ともに健やかになるのではないでしょうか。

18

集中力が続かないとき

本を読んでいたと思ったら、それを置きっぱなしで作りかけだったプラモデルを触っている。そう思ったら、ゲームを始めている。

うちの子は集中できないたちなのかしら、最後までやりとげてほしい、と気になることがあるでしょう。

でも、移り気なのは子どもの特徴です。一瞬で深い集中をしたあとは、あっという間に飽きて、次のおもしろいことを探そうとします。おそらく、子どもは大人とは違う時間を生きていて、その時間はとても濃いのです。そして、それは子どもの時代にしかないもので、大きくなるにつれ、ちゃんとじっくり取り組む時間を過ごせるようになります。お母さんは、子どもが短い時間でも集中しているときには、じょうずに放っておいてあげてください。

これだけは
終わらせようか

大人にとっては簡単そうでも、子どもにとっては大きな気力体力を使うことがあるものです。

計算ドリルをすべてやりとげなくても、「この1枚」「この1問」に集中して、しっかり終えられればよし、とハードルを低くしてみませんか。

大人も同じですが、目標があまりにたいへんそうだと、最初からやる気を失いがちです。

18

あなたに任せたからね

集中力とは、頭脳労働（勉強、読書など）だけの話ではありません。身体の労働（お皿洗い、風呂掃除などのお手伝い、外遊びなど）でも、頭と心の集中が求められます。

私は、身体の労働で頭や心の集中ができる子は、頭脳だけの労働でも集中できる基礎がある、と見ています。楽しい遊びに集中するのは楽ですが、家のお手伝いをお子さんに任せてみてください。自分の頭で考え、手と身体を動かしながら、お皿洗いをやりとげようとしているうちに、頭と心の集中力がついてくるはずです。そのためには、お母さんが手や口を出さずに、任せることが大切です。

集中力!!

19

すぐに諦めてしまうとき

　勉強しているとき、少し難しい問題だと「わからない」と投げ出してしまったり、逆上がりができないというので「いっしょに練習しよう」と誘っても「どうせできないから」といやがったり。そんな態度を見ると、「この先、努力ができなくて大丈夫かしら」と心配になりますね。

　おそらく、そういうお子さんは、自尊心や競争心をしっかり持っているのです。できるようになりたいのです。だからこそ、できない自分に向き合うのが不安。それは、大人でも同じですね。大人だって、小さな成功体験を積み重ねていって、「私は、がんばればできるんだ」という実感を持てるようになったはず。子どもにも、小さな体験から始めさせてあげましょう。小さな身のまわりの体験――たとえば、卵を割ってみる、最初はできなかったけど、3回目にうまくできた！といった経験が、「失敗は怖くない」「最初はできないことも、できるようになる」という自信を育むのです。

お母さんも できなくて 泣いたことが あるよ

みんなは簡単に逆上がりができているように見えて、「なんで自分はだめなんだろう」と自信をなくしているなら、他の人も苦労してできるようになったことが支えになります。いちばん身近なお母さんが、「できないのって悔しいよね。お母さんもね、4年生までできなくて、一人で放課後に練習していたとき、すごくつらくなって泣いちゃったんだ。でも、練習を続けていたらできるようになったんだよ」などと話してあげたら、きっと安心するでしょう。

19

あなたが何もしないのは、できないよりも、お母さんはさびしい

何かが「できない」ということを、必要以上に悪いこと・ダメなことだと思っているお子さんもいるかもしれません。

「できない」のはいけないことではありません。それが、個性なのです。自分の「できない」部分を愛おしんで生きれば、自分らしく生きることができるもの。

だからこそ、「何もしない」と「できない」とを、まずしっかり区別できるといいですね。

> ここまでは
> できている
> じゃない！
> あと少しだよ

　まるごと「できない」わけではないと、できるところをはっきりさせてあげると、「ここまではできているんだ」と自信を取り戻し、「あと少し」と気が楽になります。

　算数で、途中の計算まででできる、その先の考え方がわからないというなら、「ここまでわかったなら、まずは第一ステップクリアじゃない」など、階段は登れているんだよ、と教えてあげてください。

　「あと少し」は、いますぐわからなくても、しかたがないかもしれません。でも、「ここまではわかっている」と気持ちが少しでも前進できれば、十分です。

20

途中で放り出してしまうとき

子どもが宿題やピアノの練習などをしていて、途中でうまくいかなくなったら、「どうでもいい」「もうやめた」などと、放り出してしまう。それでは、困りますね。

物事は、最後まできちんとやりとげなければいけない。人生までが中途半端になってしまったら、とり返しがつかない。それで、「宿題、最後までやったの？」「もうピアノの練習、やめちゃうの」と声をかけても、「うん、もういいの」と言われると、どうしたらいいのか……。

おそらく、「最後までやりとげる」「最後まできちんと詰める」とは、とても難しい、エネルギーのいることなのです。大人でさえ、できない人が多いくらいです。だからこそ、子どものうちに少しでも練習を。そのために、親が少しエネルギーを足してあげるつもりになってみましょう。やりとげた充実感を味わって、この先投げ出したくなった時に「この先にあの充実感が」と踏ん張れるようになってほしいですね。

> 少し
> 休憩するのも
> 大事だよ

子どもにはがんばる気持ちがあるのに、どうしても続けられないこともあるのです。何度練習してもつっかえていたら、いやになってしまうのは当然です。気分転換の方法を教えてあげましょう。
「練習がいやなら、もうピアノなんかやめちゃえば！」と怒るのは、逆効果です。練習が大事なことくらい、本人がいちばんよくわかっているのですから。

20

いっしょにしようか

宿題がうまく解けないとき、横で見ていてくれる人がいるだけで、続ける気力が湧いてきます。「こんな問題もわからないの」などと文句をつけるのは、ちょっと我慢。「どこでわからなくなっちゃったのかな」と整理したり、「えっ、こんな難しい問題やってるの。お母さん、ぜんぜんわかんない。教科書のどこに書いてあるの」と考える道筋をいっしょに見つけたり、「あと2問じゃない。終わったら、おやつ食べようよ」とゴールを見せてあげたり。最後までできたら、「できた！」といっしょに大喜びしてあげてください。

苦手なことは、
続けるのは
たいへんだよね

たとえば、算数の問題は楽しそうにいくらでも解いているのに、漢字の練習はすぐ飽きてしまう。そんなふうに、内容によって態度に違いがあるなら、単なる得手不得手なのです。

苦手なことは、すぐつらくなるもの。でも、しなければいけないのがわかっているから、いやいややっているのです。その姿勢を評価してあげてください。

21

人の話を聞いていないとき

着替えなさいと言っているのに、聞いているのか、どうか遊びつづけている。「ちょっと、聞きなさい」と面と向かって注意しているときでも、目がきょろきょろよそを向いていて、どうやらいいかげんにしか聞いていないらしい。そんなとき、だから、忘れ物や失敗を繰り返すのに！と腹立たしくなりますね。

そもそも、「聞く」のは大人でも難しいことです。他人の会話を見ていても、「わかる」と言いながら、自分のことばかり話している人は珍しくありません。人は、自分の興味のあることにしか注意が向かない生き物なのではないでしょうか。

人の話をうまく聞けない子どもは、自分の中に興味があることがたくさんあって、いっぱいいっぱいなだけなのです。お母さんが伝えたいことがあるときは、さらにいっぱいにならないように、要点だけを短くしっかり伝える工夫をしてみてください。

そしてお母さんは、子どもの話をしっかり聞いてあげてください。

> お母さんの顔を見て

コミュニケーションは、相手の存在をしっかりと受け止めることから始まります。目ではお母さんを見ていても、ぼんやりと見ているだけでは「お母さんが、ここにいる」と認識できていません。

親の側も、子どもの前にしっかり自分がいること、子どもにしっかりと向き合って言葉を投げかけていることをイメージしてみましょう。

21

ひとつだけ、お話を聞けるかな

親として、気になることはたくさんあるから、ついいろいろと言いたくなります。

「着替えたの？」から始まって、「まだ顔を洗っていないでしょう」「学校の宿題はしてあるの」……だらだらと続くと、子どもだって聞くのがめんどうになってきます。

注意をするときは、一回に1つのポイントを。「着替えたの？」という質問形式ではなく、「今すぐ、着替えなさい」などの具体的な指示で伝えると、子どもは自分がすべきことを理解しやすいものです。

さて、お母さんは今、何を言ったでしょうか

子どもの口で復唱させるのも、よい方法です。問い詰めるような聞き方ではなく、半分おもしろがるくらいの心のゆとりを、親の側が持ってください。

22

注意しても生返事ばかりのとき

部屋を片づけなさいと何度注意しても、聞いているのか、聞いていないのか、生返事ばかり。学校から帰ったら上着を脱ぎなさいと言っても、返事ばかりでいつまでも着たままゲームをしている。人の話を聞かない態度に、いくら親でも腹が立ちますね。「聞いているの！」と怒ると「聞いているよ」と返ってくるけれど、行動が伴わないならなおさらです。

ただ、ちょっと自分を振り返ってみましょう。その場その場で思いついたときに注意していませんか。だから日によって言うことが違っていませんか。あるいは、「口に出して注意した」というだけで「言うべきことは言った」とし、「あとは子どもがすること」と放っていませんか。親が何か注意したときには、子どもは親が求めることをすぐに行動に移すべきなんだ、という単純なメッセージが届いていない場合がたくさんあります。だから、親のうるさく言う声だけ我慢していればいいや、となりがちなのですね。

> 言われたら
> すぐ
> しなさいね

何か注意されたら「すぐ」することが大切、というメッセージを伝えてください。そして、すぐ動いたら、それが上手にできたかどうかではなく、「すぐ」したことを心からほめてあげましょう。

「ぱっと動けて、えらいね！」など。そのためには、親も言ったら言いっぱなしではなくて、子どもがすぐに動けるように見ていたり、「いっしょにやろう」と声をかけたりできるといいですね。

やり方はわかる？

部屋の片づけなどは、単にやり方がわからない場合も多いのです。片づけが身につくまでは、親がいっしょにやって、方法を手から手へと伝えていくことも大切です。

○○までにしなさいね

いますぐにして、と言っても、子どもにも都合がある場合もあります。子どもが都合に合わせてタイミングよく動けるようにするのも、親の役目。だから、親としてやってほしいことの期限を、具体的に伝えましょう。

それで、一度返事をしたのに期限までにしていなかったら、「いますぐしなさい！」が通用するはずです。

23

おしゃべりが止まらないとき

食事中に「今日ね、学校でね」と話しはじめて、おしゃべりが止まらない。食事をするのも忘れているから、「話すのはいいから、早く食べて」と言いたくなりますね。あるいは、親が真剣に何かをしているときに限って、「折り紙できたよ。見て見て。これクマちゃんだよ」としつこく話しかけてくる。「ちょっと待ってね」と言っても、気にもしないで「お母さんは、どっちが好き？」なんて話しつづける。お話ししてくれる気持ちは大切にしたいけれど、「もう、うるさい！」と叱りたくもなります。もっと、自分がいますべきことや、まわりの状況を考えてほしい、と思いますね。

そんなとき、子どもの話全部につきあう必要はありません。ただ、最初だけはしっかり耳を傾けてあげてください。子どもにとって、大好きなお父さんお母さんが自分のほうを向いて、しっかり聞いてくれることが、どれだけ大切か。しっかり話を聞いてもらって育った子どもは、他の人の話を聞ける人になるはずです。

そうなの、
よかったね

いったん、しっかり話を聞いて、しっかり言葉を返してあげれば、子どもは満足できます。うわの空で聞いていては、子どもはしつこく話しつづけるか、あきらめて「お母さんは自分が嫌いなんだ」と勘違いしてしまうかも。

そのうえで「でもね、いまは食事の時間だから、ちゃんと食べてから続きを聞かせて」など、どうすべきかを子どもに伝えてください。

23

いま手が離せないから、○○が終わったら聞くね

なぜ親が話を聞いてくれないのか、子どもが状況を見て理解できるとはかぎりません。

ちゃんと説明して、「だから、これが終わったら聞くからね」などと、話を聞くつもりがあることを伝えておけばいいのです。それっきり忘れてしまうような話ならそれでOK。あとになって話してきたら、そのときはちゃんと聞いてあげましょう。

いま、何をする時間かな？

親が一方的に言うだけでなく、子ども自身が気づけば、行動も変わります。

「ごはんの時間だよ」と答えたら、「じゃあ、ごはんをおいしく食べようね。おしゃべりはあとで聞かせてね」と言ってあげればいいのです。

ふざけて「おしゃべりの時間！」などと返事をしたら、親の側も乗ってあげて「ブブー！　ごはんの時間です！」などと、じょうずにやりとりできるといいですね。

24

自分の気持ちを表現できないとき

子どもが友だちと遊んでいる様子を見ていると、やきもきすることがありませんか。お気に入りのおもちゃを「貸して」と言われて、顔には「いや」と書いてあるのに、言葉で言えなくておもちゃを持っていかれてしまった。「いや」「まだ遊んでいる」と言えばいいのに、うまく表現できないのよね。よその子は、はきはきとしていて、うちの子は損をしているなあ。そんなふうに心配になったとき、親はどうしたらいいのでしょうか。

まずは、子どもは言葉で表現しなくても、いろいろと感じているのだから、安心してください。大人にもおしゃべりな人と聞き上手な人がいて、聞き上手な人は好かれるように、その子の性格のやさしい、いい側面だという目で捉えてください。親の目から見て損しているように見えても、子どもは自分で気持ちの折り合いをつけています。そしてもうひとつ。言葉の発達はその子それぞれ。ある日突然、親がいやというほどおしゃべりになるかもしれません。

> いやなときは
> いやって
> 言って
> いいんだよ

「いやならいやって言えばいいじゃない！」と強く言うのではなく、「いやだという気持ちは相手に伝えても、大丈夫だよ」とさりげなく教えてあげてもいいでしょう。

「お母さんも、子どものときにお人形を貸して、って言われてね」と経験を話すのも、子どもは安心します。

ただ、「〇〇ちゃんは、やさしいね」とそのまま受け入れてあげるのも、親の役目ではないでしょうか。

24

〇〇ちゃんは、どうしたい？

家でも口数が少ないぶん、親が先に先にと察してあげていませんか。

おやつの時間になったら「おやつ、食べる？」と聞いたり、寒い朝には「寒くない？　セーターを着ていきなさい」と服を揃えてあげたり。自分で人に伝えなくても自分の希望がかなうなら、ますます言葉にするのが苦手になってしまいます。

あえて、察しない親になってみましょう。子どもが「おやつは？」と聞いてきたら、はじめて「ああ、おやつの時間だね。何が食べたい？」と聞いてみては？

言わないと、わからないんだよ

「人は、言葉で気持ちを伝えるものだから、言わないとわからないんだよ」と教えるのも大切なことです。「だから、うれしかったら『ありがとう』って言うんだよね。心で思っていても、伝わらないよね」など。「お母さんも、○○ちゃんが『ありがとう』って言ってくれたら、すごくうれしいよ」と伝えてもいいですね。

25

「楽しくない」と言うとき

　子どもが、家族でショッピングに出かけても、「楽しくない」と不満そうにしていることはありませんか。家でぼんやりしているから、「学校で何かあったの？」と聞くと、「つまらない」「いやなことばっかり」と言う。よく聞いてみても、いじめられているわけでもないし、勉強がわからないわけでもない。ただ、つまらないらしい。そんなこともあるでしょう。

　もっと小さいころは、いつも生き生きとした顔で、声をあげて笑うことばかりだったのに。そんなふうに心配になるかもしれませんが、子どもがそういうことを言ったときには「ああ、そうなの」と軽く受け流せばいいのです。小学生にもなると、自分と他人とを比較したり、「もっとこうしたい」という願望が出てきたりします。複雑な心の動きが出てくるぶん、無垢な明るさだけでは済まなくなってきます。それは自然なこと。成長したなあと、余裕を持って眺めるくらいでいいのです。

親の気持ちや考えが伝わる言い方

> みんなが
> 楽しく
> なくなるよ

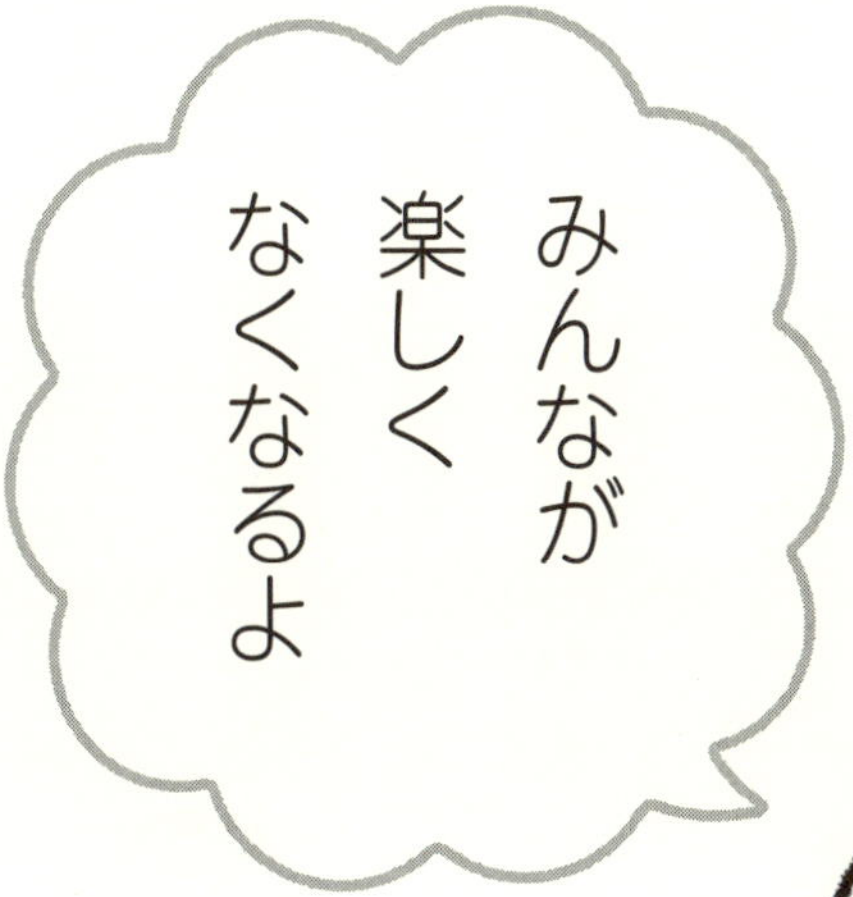

みんなで食事をしているときなど、みんなが楽しもうとしているときに、態度に出して「楽しくない」と言うなら、注意をするのも大切です。
子どもの気持ちはもやもやしているのだから、大声で叱りつけては、かえってふてくされる場合もあるでしょう。親として毅然として、おだやかに、伝えられるでしょうか。

25

あらそう、困ったわねえ

無視するのではなく、ちゃんと聞いてあげたうえで、さりげなく受け流すのもいいと思います。

「え、どうして？」「なにかあったの？」「具合が悪いの？」と心配して根掘り葉掘り聞いても、子ども自身、そのもやもやした気持ちがわかっていないことも多いのです。

もし、親を困らせたくて言っている場合は、親がまともに心配したら「戦術成功！」ですね。どちらにしても、あまりおおげさにとらえず、「まあ、そういうこともあるわね」くらいで軽やかに。

どうしたら楽しくなるのかな

ショッピングでつまらなそうにしていたら、聞いてみましょう。楽しさは誰かが与えてくれるものではなく、自分で作り出すものです。

楽しくないと感じるのは、あなたの心が楽しもうとしていないだけ。いましていることでは楽しめないなら、「自分で楽しいことを探してごらん」と伝えてください。

26

ぐずぐずして、やるべきことをなかなかしないとき

すべきことに気づいたり、人に言われたりしたときに、反射的にぱっと動けるのは、一種の能力ではないかとさえ私は思っています。これは、大人社会を考えれば、納得していただけるのではないでしょうか。この能力があるだけで、仕事の力も人からの信頼も得られる面が大きいのです。だからこそ、親の役目として、子どものうちにぱっと動ける身体を作ってあげましょう。なるべく幼いうちが勝負です。

手を洗う、お風呂に入る、宿題をする、などの「やるべきこと」は、子どもも十分理解しています。問題は、気がついたときや親から言われたときに、ぱっと動けるかどうかだけ。そして、子どもの身体を動かすのは、親の気合なのです。口でいくら「しなさい」と言っていても、心では「まあ、どっちでもいいけれど」などと思っていたら、子どもは敏感に察して動きません。ぱっと動けない子は恥ずかしい、と親が揺るぎない信念を持ってください。

口答えせずに、すぐしなさい

親の気持ちや考えが伝わる言い方

子どもが「だって手は汚れてないもん」「お父さんが先にお風呂に入れば?」、場合によっては「なんで」「えー」といった口答えをしてぐずぐずしているなら、耳を傾けずにぴしっと叱りましょう。
子どもはしなければいけないことはわかっていて、その場を逃れたいだけなのです。

26

あとから来ても、もう遅いのよ

たとえば手伝いを頼んだときに、2、3回言ってもぐずぐずしていたら、重ねて言うのをやめてみる手もあります。5分たってから「なあに」とそばに来ても、「呼んだときに、手伝ってほしかったのよ。いま来ても遅いから、もういいわ。これからは、あなたのことをあてにしません」と厳しい態度をとるのです。

もし子どもから「ごめんなさい、お手伝い、する」などと言ってきたら、「呼んだときには、すぐ来てね。ぱっと動いてくれると、お母さん、助かるわ」などと、どうしたらいいのかを教えてあげましょう。

すぐできて、えらいね

「すぐする」ということはいいことなんだ、と子どもがわかるように伝えてみましょう。

「じょうずにできたね」「最後までできたね」とほめるように、すぐ動いたときにもほめてあげてください。「さっと取りかかるあなたを見ると、お母さん、うれしくなるわ」などの言い方も、きっと子どもの心に届くと思います。そのためにも、親は口で「〜しなさい」と言うだけでなく、子どもが動くまで見守る根気を持ってください。

27

「習い事をやめたい」と言い出したとき

親の眼から見て、とくに原因は考えられないのに、子どもが「ピアノやめてもいい?」などと言い出すことがあります。そんなときは、まずは叱らずに「そうか、やめたくなっちゃったのね」といったん子どもの気持ちを受け止めてください。

そして、理由を聞いてみましょう。「友だちがいない」「楽しくない」などはっきりした理由を言える子も、「行きたくないの」「うーん」とうまく説明できない子もいるでしょう。親として納得できなくても、子どもが「する」と言って始めた習い事ならば、やめる決定権は子ども自身にあることだけは忘れないでください。

「自分は我慢させられている」「自分はどうでもいいけど、親が言うから続けているんだ」と思うようになるのは、いいことではありません。本当にやめたいなら、やめさせてもいいのです。

親の気持ちや考えが伝わる言い方

> もうスイミングは嫌いになっちゃったの？

今日は行きたくないだけということも、子どもにはよくあります。習い事の内容そのものが嫌いになった、どうしてもつらくていやだ、といった理由なのかどうか、子どもに聞いてみましょう。

「スイミングはいやじゃないけど、今日は行きたくないの」と答えるなら、一回くらい休んでもいいのです。

27

お母さんは、努力できる子になってほしいな

なんで続けられないのと叱られては、子どもは苦しいでしょう。でも、物事は継続することに価値があることも、親は教えなければ。

親の考え、希望として伝えて、子どもが「それなら、もう少し続けてみる」と言えるようだといいですね。

子どもが答えを出せないなら、親の側から「もう少し考えてみようか」と先延ばしにしてもいいのです。

①
ピアノやめたい――!
え――!
ジャ――ン!
②
もう少しがんばって続けてほしいな
③
ママも毎晩続けていることがあるの
ママってすごい!
④
だってシェイプアップしなくちゃっ♪
ぼよん
ぼよん
ぼよん
ぼよん

片づけ方を教えてあげてください

片づけは、単に部屋をきれいにする、ものの出ていない部屋にする、といった作業ではありません。片づけができる子は、何でもできる、と私は考えています。なぜなら、片づけとは、ものを使いやすくする仕組みを作ること。そして、私たちがものを使って勉強したり家事をしたりしている以上、ものは私たち自身だからです。勉強についていえば、目に見えない「勉強」が、参考書やノート、鉛筆というものとしてそこにある。そのものを勉強しやすく配置することは、つまり、自分がどう勉強したいかがはっきりわかるということなのです。

だから、子どものうちに教えるべき「片づけ」とは、部屋を清潔にしておく、という面だけでは足りません。どうものを配置すると過ごしやすいかを考える、という面が大切なのだと思います。まずは、親子で子どもの場所（子ども部屋や子どもコーナー）で、何をするのかを整理してください。小学生のうちは、「机では、マンガを読む」なら、それでもいいのです。「じゃあ、机はマンガを読む場所ね」と決めて、マンガ本を並べればいいわけです。「いつも部屋の入り口で服を脱ぐ」のであれば、「部屋の入り口を脱ぎ場所にしたいのね」とお互いに確認して、それでいいと決めたら、部屋の入り口近くにクローゼットを置きましょう。その動作をする場所の、なるべく近くに片づける場所を作るようにします。

しつけのポイント

1 そこで「何をする」かを親子で確認する。そして、近くに使うものの収納場所を作る。

2 一見ちらかっていても、自分で元に戻せるならばよしとする。

3 あまりにちらかっているときは、親が「片づけなさい」とタイミングを知らせる。

暮らしのコトを仕込んでください

女の子は、小さいうちはお母さんのそばで料理の手伝いをしたり、下の子の世話をしたりするのが好きな子も多く、親としては「うちの子は、ちゃんとお手伝いしてくれて感心」と思っている方も多いと思います。その一方で、少し大きくなってくると、「遊びや習い事で忙しくてお手伝いさせられない」「頼んでも『いま、ムリ』などと口答えばかり」といった悩みもあるかもしれません。それでも、小さいころ「お手伝いする〜」とかわいい口で親を喜ばせてくれた記憶があるから、「まぁ、女の子だし、大人になったらいやでも家事をするんだから」と、お手伝いをそれほどうるさく言わないのではないでしょうか。ところが、暮らしのコトは、やればできることばかりだけど、やらなければできないことばかりでもある。自然に動く身体、考えなくてもできる技術を身につけるには、子どものうちからの繰り返ししかないのです。親のそばで、アシスタントとしてじょうずに子どもの手を借りましょう。その繰り返しが仕込みとなって、大人になったときには立派に自立した、すてきな女性にしてくれるのです。

しつけのポイント

1アシスタントとして手を借りましょう：「お手伝い」の作業を用意してあげる必要はありません。親が「いま、もうひとつ手があったら」というときに、「ちょっと手伝って」と頼めばいいのです。

2「いま」動いてもらいましょう：「いま、ムリ」「あとでする」と逃れようとするなら、「いま、お味噌を取ってほしいのよ」「いまじゃないと、お風呂の水があふれちゃうわ」など、たしなめて。

3「助かったわ」の一言を：手を借りたいときに手伝ってくれたら、親も心から「ありがとう」が言えますね。

第3章

親子&きょうだいの関係のアドバイス

28

親に口答えをするとき

口答えとは何でしょうか。親は自分が正しいと思うから意見しているのに、子どもはそれをうるさいと感じたり、逆のことをしようとしたりする。雨の予報の日に傘を持っていくほうがいいか、宿題を済ませてから遊んだほうがいいかなど、ささやかなことなのに、子どもはだんだん親の言うことを素直に聞かなくなってきます。

それは、ひとつには、成長とともに、「親と自分とは違うのだ」という感覚が生まれるから。思春期に向けて、子どもは親から自立していこうとします。それで、ささやかなことにも「違う」と言いたくなる時期があるだけのこと。もうひとつには、実際に「親と自分の正解は違う」と気づいていくから。

人それぞれ、避けたいことや快適だと感じることは違うのであって、子どもであっても親とは違うのです。いわば、幼いうちは親に合わせていた子どもが、合わせなくなってきたのだ、成長してくれたのだ、と考えてみてください。

親の気持ちや考えが伝わる言い方

お母さんは
こう思うん
だけど

　頭ごなしに「こうしなさい」ではなく、親がどう考えているのかを伝えるようにしてみてください。
　「傘を持っていきなさい」ではなく、「夕方には雨が降るらしいけど、お母さんは傘があったほうがいいと思うよ」と。そんな伝え方であれば、子どもは「僕はいらないと思うんだ」「そうだね、持っていくほうがいいね」など、やはり自分の考えを素直に伝えられます。

28

そうなの、わかったわ

たとえば「遠足の用意はもうしたの？」と親が聞いたとき、子どもが「ちゃんと用意するよ、うるさいなあ」と口答えしたとき。まだしていない様子でも、「そうなの」と受け入れてしまえばいいのです。それで、直前になって「レジャーシートがない」と困っていても、相談されるまでは見て見ぬふり。「だから言ったでしょう」というセリフには、なんの効果もありません。「どうしよう」と相談されても、「ほら、やっぱり」はＮＧです。「コンビニならあるかもしれないよ。買いに行ってきなさい」「新聞で代用できるんじゃない？」など、アドバイスしてあげてください。

まずは話を聞きなさい

親子の関係において、私は「口答え」はあまりいいことだと思いません。もちろん、他の人間関係においても、相手の言うことにただ反抗するのは、子どもっぽいことです。どんな話であっても、いったん耳を傾けること。途中で遮るのは、失礼なこと。最後まで話を聞いてから、自分の意見を言うこと。そんなコミュニケーションの基本は、親子関係でこそ練習できるのではないでしょうか。

29

すぐに人に逆らったり、反抗的な態度をとったりするとき

子どもが3歳くらいのころを、「反抗期」と呼ぶことがあります。それまでは親の言うことを素直に聞くかわいい子だったのに、「いやだ」とか「自分でする」とか言い出して、てこずる時期だったかと思います。これは「私は私」という自我や意志が育ってきた表れだということは、きっとみなさんよく知っているでしょう。

小学生になると、ふたたび「なんだか反抗的だな」とか「何か言いつけても、聞こえないふりをするな」と感じることが出てくるものです。「なんで」と腹を立てるまえに、これを成長のステップと考えて、自分の態度を変えてみませんか。これまでの一方的な言いつけや決めつけを少し変えるのもいいでしょう。

「子どもは弱い、守るべき存在」という見方をやめて、自分でものごとを決められるようになってきていると捉えてみてもいいでしょう。ただし、だからといって子どものご機嫌をとる必要はありません。

焼き魚とお鍋、どっちがいい？

「今日の夜は焼き魚よ」と言うと「えー、また魚？ 食べたくない」などと文句をつけたり、「今日の夜は何が食べたい？」と聞くと「なんでもいい」とむっつりして答えたり。そのくせ、出したメニューをいやがったり。

子どもにふりまわされるまえに、子どもに選ばせることで主体性を認めてやるのも、親の知恵です。

日曜日に子どもが「どこか、連れてって」と言うときにも、有効な手です。

29

宿題は済んだ？

たとえば「夕食までに宿題をする」という約束なら、夕食が始まるときや終わったときに、さりげなく聞いてみましょう。していないことをわかっていて「宿題はなかったのね？」「宿題をしてないんじゃないの？」などと聞くと、子どもは「していない」と返事をするのがいやで黙ってしまうものです。

そろそろ、親に何もかも見抜かれているのがいやに感じる年齢になってきたからです。夕食までにしていないことがわかっていたら、夕食にするまえに「もう30分くらいでごはんだけど、宿題、それまでに終わりそう？」などと聞いてみてもいいですね。

> よその人には
> きちんとした
> 態度を
> とりなさい

近所の人があいさつしてくれても、返事もしない。先生に注意されても黙って横を向いてしまう。たまたまそんな場面を見かけたら、親として厳しく叱っておくべきです。「よその人には」でも、「目上の人には」でも、どちらの言い方でもいいでしょう。

そして、「あいさつされたら、あいさつを返す」「注意されているときは相手のほうを向いて、わかったら『はい』『ごめんなさい』などとはっきり言う」などの態度を教えてください。少なくとも、自分の態度が恥ずかしいことだと気づいてくれるといいですね。

30

親を批判するとき

いままでは素直に親の言うことを聞いていた子どもが、ある日、「だって、お母さんも約束を守らないじゃない」とか、「お父さんは昨日言ったことと今日言うことが違うから、いやだ」とか、批判めいたことを言い出す。ぎょっとしますね。しかも、その指摘が当たっているから、やっかいです。

そんなとき、親としてどうふるまえばいいのでしょうか。たしかに、一瞬、むっとはするでしょうが、「お、こんなことに気がつくようになってきたのか」とおもしろがるくらいの余裕が持てるといいですね。なぜなら、親を批判的に見られるのは、親にべったりではなく自立しはじめた証なのだから。無事に親離れを始めてくれたのだから、一安心と言っていいくらいです。そして、子どもが自立しはじめたのだから、一人の人格として人に言っていいことと悪いことがある。幼児が親に言う言い方とは、違ってくる。そんな人間関係の基本を、しっかり伝える段階が来た、と思ってみましょう。

親の気持ちや考えが伝わる言い方

> そうだね

子どもが一人前になってくればくるほど、頭ごなしではなくいったんしっかり聞いて、子どもを認めることが必要になってきます。

子どもが「お父さんは……」と批判してきたら、「そうだよね、お父さん、ときどき言うことが違うんだよね」と笑って受け入れて。そのうえで「でも、人ってそういうものじゃない？ 意見が変わらないっていうのも、たいへんだと思うよ」など、親として伝えたいことを伝えてあげてください。

30

話を聞いてほしいなら、それなりの話し方をしなさい

わが子だから親は話を聞いてあげるわけですが、自立しはじめたのなら、一人前のコミュニケーションのしかたを教えていきましょう。もちろんそれは、親の側にも求められることですね。子どもを一人前だと思った話し方をしていますか？

お母さんが約束を守らなかったことがあったのなら、悪かったたわ

親の権威で「そんなことはない」「親だからいいんだ」と開き直るのも、「どうしてそんなことを言うの」とおろおろするのも、ちょっと待ってください。

相手がたとえば友だちだったなら、いったん謝りますね。いったん「あなたがそう言うのなら、きちんと受け止めるよ」という気持ちを伝え、そのうえで「でも、いまは、今日のあなたとお母さんとの約束のことを話しているんだけど」と、いまの話題をしっかり話す姿勢を見せてください。

●自立力チェック

※あてはまるものに✓をつけてください。

- □ハサミや鉛筆などを使ったあと、自分で片づけられる。
- □自分の場所（子ども部屋・勉強机など）は自分でそうじしている。
- □「ごちそうさま」のあと、自分の食器を流し台に運んでいる
- □洋服を、自分で選んで着ることができる。
- □遠足などの準備を自分でしている。
- □学校のプリントを自分からおうちの人に渡している。
- □トイレットペーパーが切れたら、自分で新しいペーパーを取りつけている。
- □おこづかいをもらって、自分で買うものを決めている。
- □通学かばんの中は、きれいに整とんされている
- □家のなかで、自分がすると決まった役割（お手伝い）がある。
- □家族に「おはよう」「おやすみなさい」とあいさつしている。
- □友だちの家に遊びに行ったら、「こんにちは」「さようなら」とあいさつしている。
- □周りの人に、学校名や学年など自分のことを聞かれたら、正確に答えられる。
- □遊びに出かけるとき、おうちの人に聞かれる前に、行き先と帰る時間を言える。
- □自分が話してもいいタイミングまで待てる（人の話をさえぎらない）。

郵便はがき

恐れ入りますが、 50円切手を お貼りください。

607-8501

京都府京都市山科区
東野中ノ井上町11-39
(株)新学社　ポピー事業部

書籍お客様係 行

ふりがな	
お名前	
ご住所	〒□□□-□□□□　都道府県　区市郡
ご連絡先	TEL　(　　)
Eメール	@

新学社 書籍愛読者アンケート

アンケートにご協力いただきますと、抽選で2カ月ごと、10名様に、「全国共通図書カード(1,000円分)」をプレゼントいたします。

※プレゼントへの応募期間はご購入いただいた本の初版発行日(奥付参照)から1年間とさせていただきます。
※抽選結果は、商品の発送、お渡しをもってかえさせていただきます。

●お子さまがいらっしゃる方は、下記にご記入ください。

お子さまのお名前		生年月日
ふりがな		平成　年　月　日
性別	通われている園・学校名	
男・女	国・公・私（　）立（　）	幼稚園・保育所 小学校・中学校

●このたびご購入いただいた本の書名をお書きください。

●どちらでご購入されましたか
1．書店　2.ネット
3．お近くのポピー支部　4.その他（　）

●ご購入いただいた本の内容はいかがでしたか？
1．期待以上に良かった　2．期待通り良かった
3．期待したほどではなかった　4．まったく期待はずれだった

●本を読んで感じたことを、自由にお書きください。

ご協力、ありがとうございました。

※ご記入いただきました個人情報は、新学社が刊行する教材・商品のお届けやサービスの提供、新学社の家庭用教材ポピーからのお知らせ、アンケートのご依頼等、ポピーに関する活動のみに利用させていただきます。なお、お客様担当地区の販売店(支部)よりお届けする場合、および別途ご本人(および保護者)の同意をいただく場合を除き、第三者(配送等に関する委託先を除く)に提供することはありません。

株式会社新学社　ポピー個人情報保護推進室
TEL：075-581-6163　FAX：075-581-6164

□自分のまちがいがわかったときに、「ごめんなさい」と言える。
□おなかが痛いなど具合が悪い時に、おうちの人に自分で伝えられる（黙って我慢しない）。
□年下の子には、やさしくできる。

□お店で聞きたいことがあるときに、店員さんに質問できる（トイレはどこですか？など）。
□学校の先生など大人に対して、「〜です。」「〜ます。」で話ができる。

★✓のついた項目が多いほど、自立度が高いといえます。自分でできることが少しずつ増えていくように、日々の暮らしの中でさまざまな経験を積ませましょう。（出典：ＰＯＰＹ診断シリーズ「辰巳渚の自立力チェック（小学2〜5年生対象）」より抜粋）

●子どもの自立力を育む3つの柱

①**自分のことが自分でできる力**……気持ちよく暮らしていくために必要な身の回りのことを自分でできる力。暮らしの中で、親に手助けしてもらいながら、少しずつ身につけていきます。

②**人とよい関係が築ける力**……自分の気持ちや意見を上手に伝えたり、逆に周囲の人の言葉に耳を傾けたりできる力。親子の会話ややりとりを通じて育まれます。

③**親の関わりかた**……親の価値観や暮らしに必要なことを伝えることで、子どもの自立力が高まります。過干渉でも放任でもなく、ほどよい距離で子どもを見守ることが大切です。

31

話しかけても、「別に」「普通」としか答えず、会話が続かないとき

会話は、相手から無理に引き出そうとしても続くものではありません。子どもが外で何をしているのか気になって、「今日は、何したの？」と聞いても、子どもにはとくに話したいことがないならそっけない返事しか返ってこなくても当然です。とくに、小学生にもなれば、親が何かを聞き出そうとするとうっとうしく感じる子もいます。「別に」と言うなら「あら、そう」と切り上げたほうがいいように思います。

食事のときなどに、親どうしが楽しそうに話していたら、子どもも参加したくなるものです。「今日ね、ぼくね」と話し出したら、しっかり聞いてあげましょう。そういうときには子ども扱いせず、自分が友だちと話すときのように、会話のキャッチボールをしてみてください。

話すのが楽しいと感じれば、必ず会話は続きます。

親の気持ちや考えが伝わる言い方

お母さんはね

子どもから話を引き出すだけでなく、親が自分の話したいことを話してみてはいかがでしょうか。

「今日、買い物をしているとき、お財布に500円しか入っていなくてあせっちゃった」などと報告したり、「今度の保護者会、何を着て行こうか迷ってるの。○○ちゃんは、どんな服がいいと思う？」と助けを求めたり。無理に話題を探さなくても、親が話したいことを素直に話せば、子どももちゃんと会話を受け止めてくれるはずです。

31

元気がないみたいで、心配だわ。どうかしたの？

いつもはおしゃべりな子なのに、今日にかぎって元気がなく、話しかけても反応が鈍い場合は、学校で何かあったのかもしれません。

でも、「○○ちゃんとけんかしたの？」「いじめられたの？」などと勝手に決めつけて尋ねると、子どもは答えにくいようです。素直に、心配だから話してほしいと思う親の気持ちを伝えてみましょう。「なんでもない」と言うなら、それ以上追求せずに、もうしばらく様子を見てみましょう。

聞かれたことにはちゃんと答えなさい

たとえば、遊びに来た伯母《おば》さんに「もう2年生ね。学校はどう?」と話しかけられたのに、「普通」としか答えないのであれば、親がその場でたしなめましょう。

32

子どものマイペースにイライラするとき

マイペースに見えるのは、どういうときでしょうか。食事の時間になっても、「まだ遊ぶ」と積み木で遊んでいるとき。お風呂上がりに湯ざめしそうで気になるのに、「自分で着る」と言い張ってゆっくりゆっくりパジャマを着ているとき。要は、お母さんや家族の都合に合わせて動いてくれないときに、イライラして「早く！」と言いたくなるのではないでしょうか。

子どもは、自分が満足するまですれば、自然にやめます。自分なりのきりがつけば、動きます。

じょうずに放っておけるといいのですが、親としては近くで待ち構えてしまって、ついじりじり。親だけの都合ならば、放っておきましょう。家族の都合の場合は、ビシッと言ってもいいのです。

> いますぐ来ないなら、もう食事は食べなくてもいいです

食事の時間や朝起きる時間など、家族の一員として守ってほしい時間もあります。「どうしても」というスケジュールについては、ビシッと叱ってみんなに合わせる努力もさせてみてください。子ども自身、「ごはんのときは、すぐ動いたほうがいいんだな」とわかってきたら、安心ですね。できれば、毎日同じ時間に食事にする、「7時からごはんだからね」と15分前くらいから予告しておく、などの工夫ができると、子どもなりに自分のペース配分ができるでしょう。

32

じゃあ、着終わったらおいでね

パジャマの例のような場合は、無理に着せようとして子どもに手を振り払われて、またイライラするよりも、構わないほうがすっきりします。放っておくことで、子どもも自分の力でいろいろなことができるようになっていくのです。「パジャマ着たよ」と見せに来たら、「一人で着られたのね」と驚いてみせると、子どもはうれしくてにこにこです。そのときに、「寒くない？」と聞けば、素直に「ちょっと寒い」と答え、「じゃあ、次はお母さんが着せてあげようか？」「いい、ストーブの前で着るから」などの会話ができて、解決策が見つかっていくかもしれません。

はやくしなさい！
まったくー
のろ
のろ
①
まったくだれに似たのかしら
②
まだかなぁ
③
もうちょっとまって！
……
ぽんぽん
④

33

子どもの長所を見つけられないとき

子どもはほめて育てるほうがいいとわかっていても、いざ子育てをしていると、そうそううまくはいきません。ほめたい点よりも、気になる点のほうが目につくのが、親心。子どもを一人前に育て上げるために、本気で叱れるのは親しかいないのだから、それでいいのです。まずは、そのくらいのつもりでいてください。そのうえで、じょうずに子どものいいところを見つけるようにしましょう。

子どもには、いいところがたくさんあるはずです。じょうずに工作ができた、テストでいい点を取った、きちんと挨拶ができた。いかにも「いい子」に思える点だけが、ほめるべきところとはかぎりません。お花に「大丈夫？」とやさしく話しかけていた。落ちていた本を「お母さん、落ちてた」と拾ってくれた。いつもにこにこしていて、気持ちがいい。精一杯生きている小さな命が愛おしいと思えるところは、すべてほめたいところです。

> あなたが
> いてくれる
> だけで、
> うれしいわ

子どもがしたこと、作ったものをほめるだけでなく、子どもの存在そのものをほめてあげたいことが、ありませんか？
あなたが存在してくれたことそのものが、寿ぐべきほむべきことなのだ、と親から伝えられた子どもは、どんなにつらいことがあっても、たくましく生きていけるのではないでしょうか。

33

ごめんね、いまお母さんはとても気分が悪いの

子どもが「見て見て」と絵を持ってきて、ほめてあげたほうがいいと思っても、親がとても疲れていたりイライラしていると、ほめる気分になれないこともあります。

そのとき、ひきつった顔で「よくできたね～」と言わなくても、親の事情を伝えればいいのです。

子どもは、親が不機嫌なのは自分のせいだ、と思う傾向があります。子どものせいではなく、親の事情なのだとわかるだけで、子どもも、そして親も、楽になります。

お母さんは、ここがいいと思うな

子どもは、親が無理にほめても、そこにあるうそを見抜きます。工作がじょうずにできていなかったら、「じょうずね」と言う必要はないのです。「この青がいい色ね」「よくこんなに大きいのを作れたね」、ほかにも「（リレーのとき）押されても押し返さなくて、感心したよ」など、目にとまったところを素直に言葉にすれば、それがほめ言葉です。

34

きょうだいげんかがたえないとき

きょうだいは、けんかするものです。

なぜなら、大好きな母親・父親はそれぞれ一人。暮らしている家も1つ、テレビもたぶん1台。おもちゃも、1種類につき1つでしょう。そして、人は、人が持っているものがうらやましくなる習性がある。愛情やものなどの「うばいあい」ができるのが、きょうだいなのではないでしょうか。

子どもが大人になり社会に出たときに、人が持っているものを求めてがんばったり、自分が持っていなくても満足して生きていったりできる、たくましさが必要になってきます。そのたくましさや、自らを律するルールは、どこで身につけるのでしょう。私は、家庭のなかでおもちゃやおやつといった、小さな具体的なものについてきょうだいでどうするかを経験することが、とても大切だと思います。

親は、きょうだいげんかをじょうずに利用してみましょう。

弟だから（お兄ちゃんだから）譲ってあげたら？

人間関係は、いつもルール通り、いつも平等、がいいとはかぎりません。弱い人には負けてあげる、目上の人には敬意を持って受け入れる、など、やわらかい対応ができるほうが結局は自分も楽なことが多いもの。きょうだい関係で、その練習もできるのです。

1つしかないときには、どうしたらいい？

子どもは、よいこと、間違っていることを直感的に知っています。でも、「いますぐほしい」「自分があとになるのはいやだ」といった気持ちが先に立ってしまう。親として厳しく戒めてもいいのですが、たまには自分で考えさせてみましょう。

「だって、これは僕のおもちゃだもん。○○子は借りてるんだから、いますぐ返してよ」などと自分中心の答えを出したら、「わかった。お母さんは、先に遊んでいた人は使っていてもいいと思うけど、××くんはそう思わないのね。じゃあ、次からはそういう決まりにしようか」と、いったん受け入れてから投げ返す手もあります。

あなたが同じことをされたら、いやじゃないかな？

人にされていやなことは自分もしない、というルールは、社会生活の基本です。順番におやつをもらおうとしていたときに、さっと横から取ろうとした子どもには、相手の気持ちになってみることを教えてください。

35

いちばんかわいいのは？と聞かれたら

きょうだいがいる子どもは、「お父さんやお母さんは、誰がいちばんかわいいんだろう」と考えます。かつて、5人も6人も子どもがいるのがあたりまえの時代には、「お父さんの秘蔵っ子」「お母さんのお気に入り」というような言い方もありました。

愛情を分け合う相手が多ければ、なんとなく順序がある感じは納得できても、二人三人のきょうだいではやはり話は別です。大好きなお母さんは、いったいどちらが好きなんだろう。私をいちばん好きでいてほしい——そんな願いは、わがままではなく、自然な感情です。

でも、親もまた感情を持つ人間。子どもとの相性もあります。内心、「二人のきょうだいのうち、下の子のほうがかわいい」と思うことがあっても、当然です。そのうえで、子どもが親の気持ちを聞いてきたときには、無条件で「あなたがいちばんかわいい」と答えてあげるのが、親の愛情であり、務めではないでしょうか。

あなたがいちばん好きよ

「お母さんは、誰がいちばん好きなの？」と子どもが真剣な目をして聞いてきたら、即答してあげてください。ぎゅっと抱きしめながら、「あなたが、いちばん！」。条件反射でいいのです。「じゃあ、お姉ちゃんのことは？」と聞いてきたら、「お姉ちゃんもいちばん好き！」と即答を。「えー、どっち？」とさらに聞いてきたら、自信を持って「どっちもいちばん！」。冷静で合理的な説明は不要です。「いちばん！」という親のどっしりした言葉が、大事なのではないでしょうか。

35

どんなときでも、いちばんかわいいよ

「お手伝いしなかったら、かわいくない？」「いい子じゃなかったら、好きじゃない？」などと、聞いてくることもあるかもしれません。

「お手伝いしてくれるから、好き」「いい子だから、かわいい」と条件が整うからかわいいのではなく、あなたがあなただからかわいいのだ、と伝えてあげてください。

もし付け加えたかったら、「そうだね、お手伝いしてくれると、お母さんはとってもうれしいけどね」など。

○○ちゃんは、お母さんのこと、好き？

お母さんにだって、ほめ言葉は必要です。子どもに聞いてみてはいかがでしょうか。子どもはきっと笑顔で「お母さん、いちばん好き！」「お母さん、かわいいよ～」と答えてくれるでしょう。

36

元気がない理由を話してくれないとき

毎日子どもを気にかけながら暮らしている親だからこそ、子どもがいつもと違う様子だとすぐにわかるものです。友だちとのトラブルがあったらしいとピンと来ても、子どもが何も言わないなら、しばらくはそっと見守っていましょう。

子どもなりの社会で、たまに人間関係のトラブルが起きるのは、自然なことです。多くの子どもは、それを乗り越えて人間関係のバランスを身につけていきます。

たとえ学校が一時的にいづらくなっていても、子どもにとって、家がほんとうに安心して自分らしくいられる場所なら、大丈夫です。無理に聞き出そうとするよりも、おおらかにお子さんを受け入れられる親でいてください。悩んでいる状態も含めて、「あなたは、あなたでいてくれればいい」という親の愛情は、子どもを守るよろいとなってくれます。

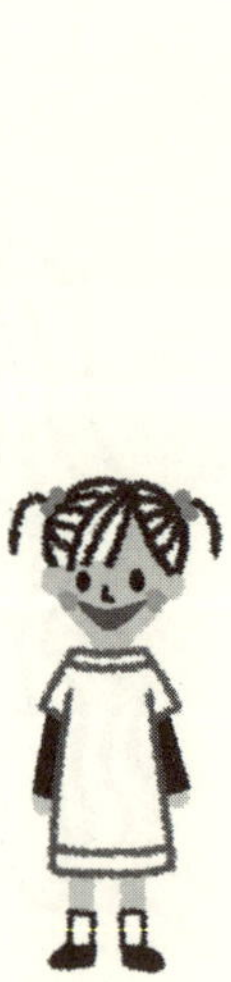

何か
してほしい
ことはある?

子どもが助けを必要としていると感じたら、「先生に話してあげようか」などと持ちかけるまえに、まず子どもに聞いてみましょう。

「先生には言わないで」と言うのなら、その言葉を尊重して。「どうしたらいいか、わからないの」と言うなら、「こうしてみる?」と提案を。「○○くんが意地悪を言うから、いやなの」と言うなら、「○○くんのお母さんに話してみようか」と解決法を言ってみるのもいいでしょう。

36

お母さんはあなたが大好きよ

たとえ子どもがまだ小さい時期でも、親にできることは、子どもの代わりに問題を解決してあげることではありません。

できるのは、子どもの拠りどころとなること。言い換えれば、何があっても親が味方でいてくれる、自分のことを好きでいてくれるという自信があれば、自分の力で自分の問題に立ち向かう力がわいてくるのではないでしょうか。

一方、「あなたを信じているわ」「あなたなら大丈夫よね」という励ましは、かえってプレッシャーになるかもしれません。

愛があふれるつぼ
げんき！

37

本を読もうとしない子には

本は、いわば「ひまつぶし」の道具です。よく、「子ども時代に病気がちだったから本好きになった」という話を聞くように、何もすることがないときに、読むようになって、だんだん本の魅力に気づいていくものなのかもしれません。

ところが現代では、子どもたちは習い事などで忙しいうえに、ゲームやテレビというわかりやすいひまつぶしの道具がある。だから、本に親しみにくいのはしかたがないとも言えます。

私は、親が気にしなくても、大人になるうちに本好きになる子はなるものだと見ています。でも、親として何かしたいのであれば、なによりも親が本を読んで楽しんでいる姿を見せること。そして、子どもに「ひま」を作ってあげることだと思います。

親の気持ちや考えが伝わる言い方

テレビは消そうよ

夕食が終わったあとの時間、あるいは休日の昼間。することがないときに、とりあえずテレビをつけていませんか。

ゲームの時間は厳しく制限していても、テレビを親子でだらだらと見ていては、「本でも読もうか」という「ひま」はできません。

たまには、テレビを消してみましょう。子どもが「ひまだよ〜」と言えば、親の思うツボです。

37

お母さんは、子どものころ、この本が大好きだったのよ

子どもの本をたくさん用意しておいたり、読み聞かせをしたりしても、子どもが関心を持ってくれなければどうしようもありません。

一般的に、ものや情報を与えられすぎている今の子どもたちには、与えるよりも、親の信念や素直な感情を伝えるほうが、心にひびくのではないでしょうか。

もしその本を読んでくれたら「どうだった？」「おもしろかった？」と感想を無理に引き出すよりも、「あら、読んだのね。よかったでしょ」くらいに留めておくと、子どもから感想を話してくるかもしれません。

話題がゲームばかりのときにどうするか

ゲームをさせるかさせないか、いつゲーム機を買い与えるか、現代の親なら誰でも悩むところでしょう。ゲームに熱中してしまうのは、どちらかというと男子のほうが多いようです。現代に生まれた以上、親がゲームを禁止しても、いずれは自分でゲームを手に入れられるようになります。その意味で、親のコントロールがきくうちに、ゲームとのつきあい方を教えたほうがいいのではないでしょうか。それでも、与えてみたら、ひまがあれば「ゲームしていい?」。「ねえねえ、お母さん」とおしゃべりしてきても、話題はゲームのことばかり。ゲームのキャラについてのクイズまで出された日には、親としては「このままだと、この子はどうなっちゃうの?」と心底心配になるでしょう。

でも、大丈夫。親がある程度ルールを作って、それさえ守れるようにしていたら、いつか卒業する子はしていきます。ごく一部、ゲームが好きで好きで中学生になっても離れられない、という子がいるかもしれませんが、それは大きな才能なのです。ゲーム作家やシステムエンジニアへの道も、教えてあげればいいではありませんか。

しつけのポイント

1 1日の時間を決める：あたりまえのようですが、これがゲームとのつきあい方の唯一にして絶対のルールです。中学年くらいまでは、1日1時間。高学年なら2時間もありかもしれません。もちろん、「お正月は無制限」などの特別ルールもありですね。そして、決めた時間は、何があっても守らせましょう。「今日だけよ」「しょうがないわね」は、なしです。一回「今日だけよ」をやってしまうと、もうルールとして守れなくなってしまいます。また、午前中や寝る前はNG、というルールも大切です。成長期の脳を守るために。

2 話を聞いてあげる：ゲームに夢中なときに、親がその気持ちを無視していては、かえって逆効果なのではないでしょうか。いっしょにゲームをしなくてもいいけれど、ゲームの話をしたいのなら「お母さん、わかんないけど、説明してみて」「なんでこれが水タイプなの。お母さんには草に見えるけど」などと話を聞いてあげましょう。それだって、大切なコミュニケーションです。

言葉のつかい方を教えてあげてください

小学校高学年くらいになると、女の子は自分を「ボク」と呼んだり、「てめえ、ざけんなよ」といった荒っぽい言い方をしたりすることがあります。男の子になりたがっているというよりも、ちょっと背伸びするような、殻を破るような、そんな感覚があるようです。

それはそれで、発達過程における「かわいい」姿ですが、やはり、そんな言葉づかいをあたりまえと思ってしまっては困ります。友だちどうしではＯＫでも、親への言葉づかいとしてはＮＧ。親へはＯＫでも、先生や近所の人などへの言葉づかいとしてはＮＧ。そんな、「言葉のＴＰＯ」を教えるのは、親の仕事です。

とくに、女の子は小さなころからコミュニケーション能力が高くて、言葉づかいにも敏感です。敏感な時期は、素直に親の教えがしみこむ時期でもあります。めんどうくさいようでも、毎日の生活のなかで、言葉づかいを教えてあげてください。おばあちゃんに「うるさい！」と言ったら、「おばあちゃんに対して、なんて言い方をするの」。近所の人が「何年生になったの?」と聞いたとき、「2年生」と答えたら、「2年生です、でしょ」。一回一回の親の注意が積み重なって、言葉のTPOが身につくのではないでしょうか。

しつけのポイント

1 親に対しても、乱暴な言葉をつかったら、たしなめる。
2 よその大人に話すときの話し方を教える。
3 友だちへの言葉づかいでも「お母さんは、その言い方は好きではない」と親の価値観を伝える。

第4章

学校・友だち関係のアドバイス

38

担任の先生が好きになれないとき

たとえ小学生であっても、人と人との関係には「相性」があります。担任の先生だから子どもが好きになれるとも、担任の生徒だから子どもを好きでいられるとも、かぎりません。

子どもが「いまの先生、いやなの」などと言った時、親は「何かいやなことをされたの?」と慌てたりしないで、「そうなの」と受け止めてください。

そして「どういうところがいやなのかな?」「何かいやなことがあった?」と、さりげなく聞いてみましょう。そこで「別にないけど」で終わるなら、「人と人とは、なんとなくうまくいかないこともあるからね。きっと気の合う先生と、出会うときが来るよ」と、人生の先輩としてアドバイスできるといいですね。親もいっしょになって先生の悪口を言ったりせず、大人として見て、先生のよいところをほめてみせるのも手です。

親の気持ちや考えが伝わる言い方

先生に伝えてほしい？

教師の言葉に子どもが傷ついた、教師の態度が子どもには理解できなかったなど、多少問題がありそうなときは、話してくれた子どもの気持ちを聞いてみましょう。

たとえば女の子に対して「○○は体がでっかいからな」など、傷つくようなことを言っていても、いきなり先生にやめるように交渉するよりも、子どもがどうしてほしいのかを優先してください。

少なくとも、親に素直な気持ちが伝えられるなら、大丈夫です。

38

それでも、先生は先生だからね

教師の仕事は、子どもと仲よくすることではなく、子どもに勉強を教えることです。小学校ではその両者が強く結びついているので、親としては「いい先生」を期待したくなりますが、教師がすべてに応えるのは難しいでしょう。

　親としては割り切って、「それでも先生には、大事なことは伝えておこうね」「それでも、授業のときは先生の話をしっかり聞こうね」と伝えてください。親が先生に不満を持つと、子どもはもっと先生がいやになってしまいます。

新しい担任の先生
学校で一番
怖いんだって！
えー！そうなの？
うちの子
大丈夫
かしら…？
ただいまー！
怖い人、いる？
ぴしゃーーん!!
ママ!!

39

学校の話をしてくれないとき

子どもが新しい学年に上がったとき、夏休みのあとなど、元気に楽しく学校に通っているか、気になりますね。それで、つい「学校、どうだった？」「今日は、何かあった？」と聞きたくなります。でも、子どもの口から返ってくるのは「別に」「普通」。かえって心配になって、「普通って、どう普通なの？」と聞いたりして……。

ふだんと変わらない様子なら、とくに報告するほどのことがないだけです。子どもは、親が自分のことに気を配ってくれていると感じてさえいれば、安心なもの。それでいいのです。

一方、ひどく元気がなかったり、身体に傷をつけて帰ってきたりしていたら、親には言いたくないいやなことがあったのかもしれません。「言いたくない」という気持ちを大切にしてあげつつ、でも、親としてできることをしてあげたいと思っていることを、じょうずに伝えてください。

> お母さんも、学校のことを知りたいな

子どもにとって学校は日常のことです。「学校に行っていない親には、学校のことがわからない」というあたりまえのことも、子どもにすれば言われないと気がつかない場合もあります。

「2年生になって、どんな漢字を習ったの？　お母さんにも教えて」「学校の花壇はどんな花が植えられているの？」など、具体的に伝えると子どもも答えやすいもの。

39

昼休みは何をしているの?

「今度のクラスは、どう?」というあいまいな質問は、子どもにとって答えにくいものです。親は、いいクラスなのかそうでもないのかを知りたいのでしょうが、とくに問題が起きていないのなら、子どもにとって「評価」を表現するのは無理でしょう。「今度のクラスは、楽しい?」「昼休みは何をしているの?」程度であれば、「楽しいよ」「○○くんとなわとびしている」など、答えやすいのです。

あなたに元気がないと、どうしたのか心配なのよ

いやなことがあっても子どもが親に言いたくないのであれば、無理やり聞き出そうとしても、子どもは傷つくだけです。

子どものことが心配である、全力で子どもを守りたいと思っている、という親としての気持ちをしっかり伝えてあげてください。

その親の愛情があるだけで、子どもは一時的にいやなことがあっても、耐え抜けるはずです。

40

友だちをうらやましがったり、友だちといっしょのものをほしがったりするとき

「今度、○○くん、オーストラリアに行くんだって。いいなあ」「△△ちゃんなんて、ゲームソフトいっぱい持ってるんだよ」……。子どもが友だちをうらやましがるとき、どうしたらいいのでしょうか。「じゃあ、うちもお正月にハワイに行こうか」などと、いっしょのことをしてやればいいなら話は簡単ですが、それでは終わりがありませんね。

子どもだけでなく、人は自分が持っていないものを持っている人をうらやみ、自分よりも得しているように見える人を妬む心があります。それは、向上心――人に負けないでがんばろうと努力する気持ちにつながるものなので、悪いことではありません。

ただ、基準を人ではなく、自分に置けるかどうかが問題です。本当に子ども自身がほしいと願っているなら、手に入れるための努力の仕方を教えてあげましょう。人が持っていてうらやましいだけなら、「あなた（うち）には必要ないでしょ」と我慢させるほうがいいように思います。

あなたはみんながするなら、自分もするの？

行動の基準が「人がしているから」では、自分らしい人生を生きていく力が弱くなってしまいます。

「人は人、あなたはあなたでしょ」「○○くんの話はいいから、あなたがなぜそうしたいのか、説明してごらん」など、自分の気持ちで話すように仕向けてあげてください。

40

『みんな』って誰と誰?

子どもは「だって、みんな持ってるもん」などと、簡単に「みんな」を理由にします。

でも、あてはまるのは仲良しの2、3人だけの場合も。子どもは無意識にごまかして、既成事実にしようとしているのです。それはうそではないので叱らなくてもよいのですが、ごまかしはちゃんと指摘したほうがいいですね。

人をうらやましがるのは、恥ずかしいことだよ

「海外旅行なんて行くお金はないわ」など金銭を理由にしたり、「あの家は子どもに甘いから」など人を非難したりして話を終わらせても、子どもは納得できず不満を残すでしょう。

他人をうらやむのは人として恥ずかしいこと、という親の価値観を伝えてみてください。

41 友だちと買い物に出かけるとき

お母さんといっしょでなければ出かけられなかった子が、いつのまにか「駅前まで友だちとカードを買いに行ってくる」なんて言い出すようになると、親としては心配なような、うれしいような、複雑な気分ですね。1年生なら、電車やバスに乗っておもちゃ屋さんに行くのは早いけれど、4年生にもなればもう大丈夫。そんな、手元から離すときは、一人で行動するためのルールを教えるチャンスです。いつまでも親とはいっしょに行動できないからこそ、親が教えられるうちに、しっかりルールを伝えておきましょう。

外出時のルールの基本は、お金と時間の使い方。自分で自分を律することができるように、具体的に伝えます。

もちろん、それ以外にも、困ったときの対処法も大事です。友だちとはぐれたら、どこで待ち合わせするか。駅で困ったことができたら、誰に聞けばいいのか。そういう具体的なルールや対処法は、親から子へと伝える、生き抜く力なのです。

何時に帰るか予定を教えておいてね

外遊びのときと同じように、帰る時間は親との大切な約束です。
親に心配をかけないために、自分が危険な目にあわないように、「時間を守る」のは一人立ちするための大切なステップです。
もしどうしても守れそうもないときには、電話をかけるなどの約束も。

41

何を買うのか（買ったのか）、お母さんに教えてね

親に養われているうちは、お小遣いの使いみちは親に知らせておくものです。親に説明できるように買い物をしているうちに、ものの買い方を覚えていくでしょう。たとえば本を買うために千円札を渡したなら、おつりもちゃんと返してもらうようにしましょう。

お金の貸し借りは、しないでね

子どもたちは、お金を持っていると気軽に貸し借りしようとします。20円足りないのがかわいそうだから、僕、持っているし。そんなやさしさから生まれた貸し借りでも、お金はあとで問題になることもあります。

大人になってから、気軽にキャッシングなどで済ませる人にならないためにも、お金の扱い方を教えてください。もちろん、足りないときは買わないのがルールです。

42

友だちとのトラブルがありそうなとき

家に帰ってきても、元気がない。いつもは遊びに来るお友だちが、最近はずっと来ない。「あれ、へんだな」と気づいて、「〇〇ちゃん、最近、来ないね」と話を向けても、「うん」とか「△△ちゃんと遊ぶんだって」とか、あいまいな返事が返ってくる。心配ですね。

それとなくママ友に聞いてみると、クラスのグループでトラブルがあるらしい。「うちの子がターゲットになっているのかしら」と思ったら、子どもに「いじめられてるの？」と聞きたくなるかもしれません。親心として、子どもが悲しい目にあっていないかどうか、なんとかつきとめたくなるし、トラブルがあるなら解決したいもの。

ただ、ほんとうに対処が難しいことでもあります。いろいろな対処法が言われていますが、私は、親が真剣に子どもの問題に向きあうかどうか、親が１００％子どもを守ろうとするかどうかが、子ども自身でトラブルを乗り切る力となるのだと思います。

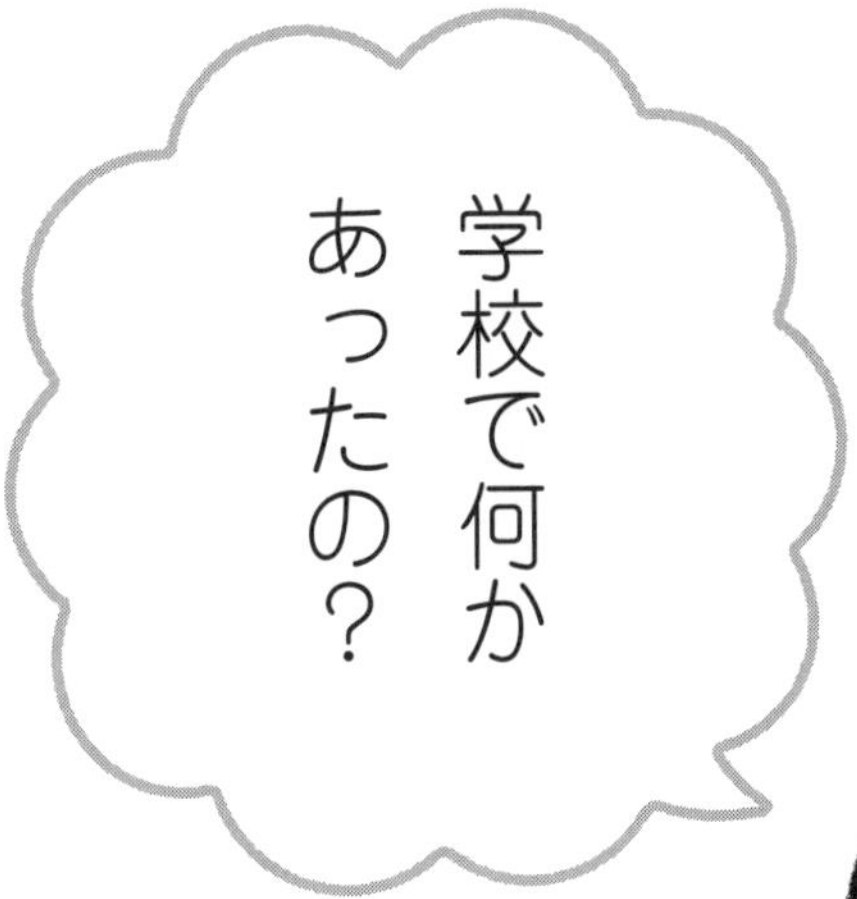
学校で何か
あったの？

「いじめられてるの？」「誰がやってるの？」といった追求は、子どものプライドを傷つけるようです。

まずは、お母さんが何か気がついて、子どもから様子を聞きたいと思っている、ということを伝えましょう。

「なんでもない」「大丈夫だから」と言うなら、それ以上、問い詰めないで。いまは親には言いたくないし、もしかしたら自分で乗り切ろうと思っているのかもしれません。

42

困ったら、すぐにお母さんに言ってね

言いたくないなら言わなくてもいいけれど、お母さんはいつでも心配しているし、いつでも聞く用意があることを伝えてください。

「いやなことは我慢しなくてもいいんだよ」ということも、ぜひ教えてあげてください。「いやならいやと言えばいいの」「学校がどうしてもいやなら、行かなくてもいいんだよ」など。

ただ、口に出すからには本気で言ってください。本心では「でもやっぱり学校には行ってほしい」と思っていたら、子どもはその本心のほうを見抜きます。

お母さんがついてるよ

体験談としてよく聞くのは、クラスでいじめられても部活の友だちがいたから乗り切れた、学校で孤独でも家に帰れば大好きなお母さんがいてくれると思うと我慢できた、といった経験です。

どこかに居場所があれば、つらいことがあっても踏みとどまれるのが人間なのでしょう。

ちゃん
お母さんは味方よー！

43

友だちとケンカしたり、ケンカした友だちと仲直りできなかったりしたとき

あたりまえのことは大人でも難しいもの。それだけに、子どもに高い望みを押しつけるよりも、親みずからが実践する姿を見せて、子どもに「それがあたりまえなんだ」という感覚を備えさせることが大切であるように思います。「ごめんなさい」は、その筆頭格ではないでしょうか。

子どもに「つめきりがないじゃない。どこに置きっぱなしにしたの」と聞き、子どもが「私、知らない」と言う。「知らないはずないでしょ！」と怒ったとたん、自分のエプロンのポケットに入っていることに気づく。そんなとき、あなたは「ごめんね。お母さんが勘違いしていたの」と素直に謝っているでしょうか。謝るのは「負け」ではない。自分の非を認めるのはあたりまえ。そして、謝ったあとはお互いにいやな感情を引きずらない。自然に、そんな態度をとれるでしょうか。親と過ごす毎日の積み重ねこそが、子どもに人間関係の力をつけさせるのだと思います。

親の気持ちや考えが伝わる言い方

あなたが謝れば、きっと△△ちゃんも謝ってくれるよ

ケンカをした相手が、自分を嫌いになったのではないかと思うと、怖くて話しかけたり、謝ったりできない場合もあります。

でも、お互いにそう思っていることも多いもの。勇気を出して自分から謝れば、その気持ちはちゃんと伝わります。親が自信を持って、子どもを勇気づけてあげませんか。

43

交通事故は、両方が不注意なときに、起こりやすいんだよ

「だって、私は悪くない」と子どもが自分の悪かった点に気づけないなら、ほかのたとえで説明してみましょう。

交通事故は、一方の車が不注意でも、もう一方が注意深く運転していれば、避けられるケースが多いもの。事故は、両方が不注意なときに起こりやすいのです。ケンカも同じ。片方にまったくケンカする気がなければ、争いになりません。「あなたには、まったく悪かったところはないの？」と問いかけてみましょう。

心で思っていることは、言葉にしないと伝わらないのよ

「空気が読めない」人は仲間はずれにされる世の中は、息苦しいばかりです。親子であっても、以心伝心ではなくて、言葉で心を伝えあっていますか。

「お母さん、牛乳！」ではなく、「牛乳を取ってください」と言う。冷蔵庫の前にいる子どもを黙ってぐいっと押しのけるのではなく「○○ちゃん、冷蔵庫を開けたいからちょっとどいてね」と伝える。

そんな日常が、肝心なときに、きちんと言葉で気持ちを伝えられる基礎となるはずです。

44

人と比較したがるとき

人は、誰でも自分と他人とを比べたがるものです。人間は社会的動物だ、と言います。他人との関係性で自分の存在を確認する。そんな気持ちのありようを持っているのでしょう。

子どもが、「○○ちゃんはできないのに、僕はできたよ。すごいでしょ」などと人と自分を比べたがるのも、自然な気持ちです。親としては、「人と比べてばかり」と気になるかもしれませんが、人と比べる気持ちがあるから、「いまの自分ではだめだ。もっとがんばろう」と努力する気持ちも生まれるもの。悪いことではありません。

ただ、いつも人のことを気にしているようだと、自分は結局どうしたいのかわからなくなってしまうかもしれませんね。子どもをほめたり、叱ったりするときには、人と比較するだけでなく、子ども自身の姿を見てあげましょう。また、いままで親が子どもを人と比べて評価していたのではないか、振り返ってみてください。

親の気持ちや考えが伝わる言い方

> 人と
> 比べるのは、
> 恥ずかしい
> ことよ

ストレートに、親の信念を伝えるのもいいことです。けれど、親が教育上、口にする言葉だけのきれいごとは子どもに伝わりません。
親の信念や生きる基準は、毎日の生活のなかで自然に子どもに伝わるもの。子どもをたしなめつつ、自分の姿も見直せるのが、親という存在のすごいところですね。

○○ちゃんは、××は得意なんだよね

逆上がりを、○○ちゃんはできないのに、僕はできた。ほめて！と言うなら、まずは「そうか、できるようになったのね。すごいね」とほめることも大切です。

自分は人ができないことができるんだ、というのは大きな自信です。そのとき、親は「へえ、○○ちゃん、まだできないんだ。身体小さいもんね」などと友だちを否定しないでください。

場合によっては、「たしか、○○ちゃんは、サッカーは得意なんだよね」と話題に出して、人にはそれぞれ得意不得意があるのがあたりまえ、と伝えてもいいでしょう。

算数のテスト、今回はがんばったね！

「クラスの平均点は何点だった？」「仲良しの○○ちゃんは何点だった？」などと、聞き出そうとしていませんか。

せっかく85点取って、子どもは「いい点を取れてよかった」と思っていても、親が「クラスで10番？　だめじゃない」などと否定しては、子どもが自分を認めることができません。「前回は70点だったもんね。今回はがんばったね」と子どもの努力を認めてあげましょう。

料理を仕込んでください

コラム［2］は女の子に暮らしのコトを仕込んで、という話でしたが、男の子にも暮らしのコトを仕込んでください。男の子の場合、ぜひ、料理のアシスタントをしてもらいましょう。料理ができると、いろいろといいことがあります。

まずは、大人になったときに困りません。一人暮らしは言うまでもなく、結婚しても共働きで妻が忙しかったら、自分で作れるといいですね。とはいえ料理ができなくても、コンビニ弁当もあるしファーストフードもあるので、食べるのには困りません。でも、自分の健康を考えたら、季節の食材で作りたてのものを食べるほうがいいですよね。それに、やはり作るほうがお金がかからないのです。

それから、料理の手際は、仕事の手際とイコールです。ゴールをイメージして、段取りを組んで作業を進める。食べる人の好みや体調を考えて、メニューを整える。キッチンは、調理が終わるときにはきれいに片づいているように、調理中にどんどん片づけていく。企業がほしいのは、仕事にこういうふうに取り組める人材なのです。

しつけのポイント

1 お米とぎから教えましょう：たかがお米とぎですが、①最初の2回くらいは汚れを落とす感じでさっと洗う、②次の2回くらいはしっかりと手の腹で米をとぐ、③好みの硬さを考えて水の量を調節する、④食べる時間に炊きあがるようにする、といった手順があります。米をこぼさずにとげるかどうかなども、ポイントです。

2 みそ汁で段取りを教えましょう：「料理ができる」ようになるためには、最初から「みそ汁を作る」必要はありません。お母さんのアシスタントをしながら、「だしをこす」「みそを入れる」「ねぎを切る」などの細切れの作業を何度も経験するうちに、「みそ汁を作る」という全体の流れ（段取り）が身体で理解できるようになります。みそ汁を作るときに手を借りながら、段取り力を育てましょう。

ものの扱い方を教えてあげてください

よく「氏より育ち」と言いますが、育ちはどこでわかるのでしょうか。私は、言葉づかいやものの食べ方もそうですが、日常のものの扱い方でわかると感じています。男女問わずなのですが、とくに男の子は、教えないとものの扱い方が乱暴になりがち。ドアをバタン！と力で閉める、ランドセルを床に放り投げる、お茶碗を片づけるときにガチャガチャとぶつかりあわせてしまう、上着をぐいぐいひっぱって脱ぐのでびょーんと伸びてしまう……。

そういうふうにしかものを扱えない大人になってしまったら、困りますね。誰にも迷惑はかけていないかもしれませんが、人として恥ずかしい。「親の顔が見たい」なんて思われたりして。それに、大人になっていい仕事をする人は、自分の仕事の道具をとても大切に扱います。大工さんなどは、自分の道具をぜったいに放り投げたりはしません。

小さなときから、ひとつひとつ、親の手で教えてあげてください。そして、なによりも親のふるまいをお手本にさせてあげてください。

しつけのポイント

1 お茶碗を扱うときに音を立てない。
2 本やカバンを置くときは、置いてから手を離す（放り投げない）。
3 ドアは最後までドアノブを持って閉める（途中で手を離さない）。
4 洋服（布）は繊維を伸ばさないように脱ぎ着する。

髪の毛の扱い方を教えてあげてください

今も昔も、女の子にとって、髪の毛は気になるもののようです。髪を伸ばしたい、染めてみたい、ふわふわのシュシュをつけたい。ほどほどならいいのですが、だんだん女子高生も顔負けの興味を持ち始めたら、親としては「まだ小学生なのに」と心配にもなりますね。今は男女ともにどういうヘアスタイルであろうが自由ですが、私は、女の子は髪の毛についてきちんとした身だしなみを身につけていてほしいと思います。

昔の人は、女の子の成長に合わせて、前髪をなくして額を出したり、肩で揃えていた髪を伸ばし始めたり、といった決まりがありました。昔だから、ではなく、そこには女の子の成長に合った、大切な理由があったのではないか、と考えてみましょう。清潔な髪の毛の女の子は、それだけで清潔感があります。ごはんを食べるとき、片手で髪をかきあげながら食べる姿はだらしがないものです。そういうことを教えてあげられるのは、女親だけではないでしょうか。

しつけのポイント

1 食事をするときには、髪の毛をまとめるように教える。
2 ブラッシングやシャンプーなどの正しい仕方を教える。
3 お風呂や洗面所では、髪の毛を落とさなかったかチェックするように伝える。

ものの取り扱いを仕込んでください

212ページでも触れましたが、昔の人は、「氏より育ち」と言いました。いまは、「氏」の違いなどほとんどない世の中。平等でなによりですが、「育ち」で大きくその後が変わることをわかっているから、親は子どもの可能性を伸ばしてあげたいと思うわけですね。私は、「育ち」はたしかに重要だと思いますが、その育ちとは、身体に仕込むことではないかと考えています。もっとシンプルに言うと、ものの扱い方が育ちなのだと。食事の仕方で育ちがわかるのは、箸やお椀、おかずというものの扱い方からです。箸の持ち方、茶碗の持ち方、技術としては知っていても、できるようになるには、何度も何度も親から注意され、練習して、ようやく成長したころに無意識にできるようになるくらい、時間がかかります。その「時間がかかる」ところが、すばらしいところでもあり、怖いところでもある。本人の意思とは関係なく、身体は身についたこととしかできないし、身についてしまったことはずっと続けていくのですから。だからこそ、女の子の財産として、ものの扱い方を教えてあげてください。親しか伝えられない、大事なことなのです。

しつけのポイント

1 音を立てない：ドアの開け閉めの音、カレーを食べるときのスプーンの音、階段を下りるときの足音……、日常生活で気にとめなくなりがちですが、大きな音を立てていませんか。「音がしないようにしてごらん」と注意すれば、おのずとていねいな動作になります。

2 傷めないように扱う：お茶碗のへりをつかんで持つと、落として壊すかもしれません。カーテンを力いっぱい引っぱってしめると、カーテン生地もフックも傷みます。椅子を引きずりながら引くと、床に傷がつきます。服を脱いだままくしゃくしゃにしておくと、シワになり、汚れもほかに移ります。「ものを大切に」とは、捨てないだけではないのです。

おわりに

新学社の住友千寿江さんから、家庭学習教材「ポピー」の親向け情報誌「ポピーf」に子育てについての連載を、と頼まれたのは、5年前でした。

毎月、編集者のひだいますみさんから「こういうときには、親はどうしたらいいのでしょうか」という問いかけをいただき、それに答えるようにして連載を書きつづけてきました。その連載が5年もつづき、こうして1冊の本になるほど積み重なっていったことを、ほんとうに幸せなことだと思います。

毎月、読んでくださっているたくさんのお母さん、お父さん、ありがとうございます。

この5年間は、私にとっても子育てまっただなかの日々でした。

上の息子が小学校4年生、下の娘が3歳。ちょうど独身に戻った時期で、子どもたちを祖母に預けることも多くなり、仕事を終えて家に帰ったときには眠っている二人の寝顔を見ながら、母親としての自分に自信を失うようなことも多々ありました。

子育てや仕事について相談できる夫はなく、ただでさえ負担をかけている祖母に子育ての悩みを相談することもできず、大変孤独な時期だったのでした。

まとまったものを読み返してみると、初期には「ちゃんとしなければ」と自分に言い聞かせていたような気持ちが、後期には「何とかなるさ」と自分をゆるしている気持ちが、文章のはしばしから見えてきます。

大変だった時期を少し乗り越えて、いま、思い返すと、必死に自分の子育てをしながら、たくさんのお母さん、お父さんに語りかけていたことが、かえって自分を励まし、いたわることになっていたのだ、と気づきます。

その意味で、この連載を読んでくださったみなさん、この本を手にしてくださるみなさんがいるから、私は何とかかんとかやってこられたのだ、と深く感謝いたします。

みなさんにもそれぞれの家庭の事情があったり、自分の人生におけるさまざまな転機を迎えていたりすると思います。なんで私はこんなに大変なんだろう、なぜ私の子育ては上手くいかないのだろう、とかなしくなるときもあろうかと思います。

それでも、その大変さこそが、じつは日々を充実して生きていることの証なのではないでしょうか。その苦しさやかなしみは、子どもという存在があるからこそ、みなさんの人生に与えられたものなのです。

一人いれば一人分、二人いれば二人分の、豊かな経験を、子どもがもたらしてくれる。気がついたら、子どもがいなかったころの自分よりもずっと大人になり、温かくなった自分がいる。そう気がついたとき、どうぞ、今度はみなさんが、まわりにいるお母さん、お父さんに語りかけてあげてください。そうやって、つないでいくことで、子育てはもっと豊かな経験になっていくのでしょう。

2012年9月23日　辰巳 渚

初出

本書は、全日本家庭教育研究会（全家研ポピー）発行の家庭学習教材『小学ポピー』親向け情報誌「ポピーf」に、平成20年4月号から平成24年3月号に連載した「親だから伝えたい話しておきたい 子どもへのアドバイス」をもとに、加筆修正を行い、編集したものです。

辰巳 渚 Nagisa Tatsumi

家事塾主宰・消費行動研究家。お茶の水女子大学卒業後、出版社勤務を経て、1993年よりフリーのマーケティングプランナー、ライターとして独立。2000年に刊行した『「捨てる！」技術』で、消費社会の象徴である「物」に対する新しい哲学を提唱し、同書は100万部のベストセラーになる。現在、家事塾での講座やセミナー、講演を通じて、成熟時代の「物と心」の関係を見直し、個々人が豊かに暮らすために役立つ情報発信・コンサルティングに取り組んでいる。

子どもが変わる「育て言葉」

2012年10月31日　第一刷発行

著　　者	辰巳　渚
発 行 者	中川栄次
発 行 所	株式会社 新学社

〒607-8501 京都市山科区東野中井ノ上町11-39
電話 075-581-6163
FAX 075-581-6164
http://www.sing.co.jp

印刷・製本　　大日本印刷 株式会社

©Nagisa Tatsumi 2012 Printed in Japan
ISBN 978-4-7868-0206-5

落丁本、乱丁本は送料小社負担でお取替えいたします。本書の無断転載を禁じます。